中青年经济与管理学者文库

# 企业资产处置动因及其经济后果研究

崔海红　著

中国财经出版传媒集团
中国财政经济出版社

**图书在版编目（CIP）数据**

企业资产处置动因及其经济后果研究／崔海红著．—北京：中国财政经济出版社，2018.8

（中青年经济与管理学者文库）

ISBN 978-7-5095-8384-5

Ⅰ.①企…　Ⅱ.①崔…　Ⅲ.①企业管理-资产管理-研究　Ⅳ.①F273.4

中国版本图书馆 CIP 数据核字（2018）第156983号

责任编辑：王　丽　　　　责任校对：徐艳丽

中国财政经济出版社 出版

**URL**：http：//ckfz.cfeph.cn

E-mail：cfeph@cfeph.cn



社址：北京市海淀区阜成路甲28号　邮政编码：100142

营销中心电话：010-88191537

天猫网店：中国财政经济出版社旗舰店

网址：https：//zgczjjcbs.tmall.com

北京财经印刷厂印刷　各地新华书店经销

880×1230毫米　32开　8.125印张　200 000字

2018年9月第1版　2018年9月北京第1次印刷

定价：45.00元

ISBN 978-7-5095-8384-5

（图书出现印装问题，本社负责调换）

本社质量投诉电话：010-88190744

**打击盗版举报热线：010-88191661　QQ：2242791300**

# 策划人语

题记：一个人的精神成长史，取决于他的阅读史。只有阅读能最有效地培养精神生活习惯，而好的习惯又培养性格，性格决定人生。

——我们自豪，因为我们就是创造这精神产品的人。



选择了飞翔，总能看到蓝天；选择了远航，总能感受大海。人生不仅要作出选择，也要坚持住自己的选择。学会计、当编辑是我的意外选择。人说编辑是为人做嫁衣，可是这一选择我坚持了27年，苦在其中，乐在其中，也算是有声有色。每当我把一本本好书呈献给人们的时候，我觉得我是“富贵”的人：富，不是你身上的钱财，而是你心里的满足；贵，不是你地位的显赫，而是你被人需要的程度。

## 书海探寻，情怀永恒

我要说，做编辑我幸运，因为我不仅是第一个读者，可以对作品“品头论足”，也可以对作品“生杀予夺”；更重要的是，这是一个很高层次的平台，在多年与名家的交往和名著的“对话”中，深深地为他们的人格和才学所感动，被作品的精彩所吸引，这不仅使我“下笔如有神”，更使我的思想和灵魂也受到一次次洗礼和震撼，得到一次次升华。对于我的作者我的书，如数家珍，作者中不乏才学和为人同样过人的多位泰斗和“颜值高责任大”的众多才子佳人；策划的作品不仅立足专业还兼顾人文，也是情怀所在，专业加人文路才会更宽。

多年的体会是，作为一名编辑，起码要“三心二意”，即“责任心、细心、耐心”和“服务意识、创新意识”。要多策划一些有分量的拳头产品，用一个选题推动一个系统工程，用一个系统工程培养一个出版社品牌。给新入职编辑讲座时我做过一个比喻：编辑两项基本功，审稿——甚至要比博导审批学生论文还要全面、细致；选题策划——要像电影导演一样做“星探”，善于发现优秀作者和挖掘好的原创作品。记不得 27 年来我策划和编辑了多少书，组织和策划了一大批教材、业务培训用书、通俗读物、理论专著等，有的获得过国家、省部级各类奖项，有的以其填补空白、社会热点、风格新颖、开拓尝试等特点受到读者的欢迎。20 世纪 90 年代我开始自主策划选题，多年来每年都有新丛书问世。比如，21 世纪初内部控制研究在国内刚兴起时，策划了《现代内部控制丛书》，其中《企业内部控制管理操作手册》是我鼓励作者将自己饱含心血的经过长期钻研和实践并证明卓有成效的成果奉献付梓，使得更多的人能受益于此，这无疑是对我国内部控制理论探索和实践发展的一种贡献，内部控制选题至今还是热点。2013 年的《来去无尘——一位财政部长的生前事》所展现的吴波精神，与深入推进党风廉政建设相得益彰，得到中央领导同志的高度重视和重要批示。中央各大主流媒体纷纷连续报道，掀起了全社会学习吴波高尚情操的热潮。2014 年至今的前沿选题《财务云丛书》等也越来越受到业界认可。

## 想是问题，做是答案

众所周知，目前的图书出版业在行业竞争和纸质图书受到严重冲击的情况下，出版人无不感到莫大的危机。在这种背景下，策划一套专业图书是颇感困惑的一件事，风险更大。但即使这样我们也不能因噎废食、停滞不前，还要积极应对，继续发挥纸质图书的固有特质，挖掘出版内容和形式都精彩的原创作品，适应新形势下读者的更高需求。2017 年，我们接受新的挑战，开启新的征程，又策划《中青年经济与管理学者文库》《当代税收名家丛书》《中国税务律师系列丛书》《现代管理实务丛书》《高等院校应用型会计人才精细化培养系列教材》等，继续为扶持学术研究和总结最新成果，在高端研究与专业知识普及和应用之间搭建一座座有益的桥梁。

每一个时代的经济环境不同，理论研究和实务探索所需要解决的问题也有所差别。当前我国不仅处于经济结构调整和供给侧改革的攻坚期，同时也处于大数据和互联网突飞猛进的变革期，矛盾叠加，风险交汇，市场环境和组织模式不断演变发展、推陈出新，经济、管理、财税等领域的新理论、新思想、新方法、新工具也层出不穷。乱花渐欲迷人眼，击水三千浪几何？这些领域的研究人员被时代赋予了更艰巨的责任，也面临着更高、更多元的要求，我们不仅要具备更广阔的学术视野，而且要有更严谨的学术思维。

## 输在犹豫，赢在行动

《中青年经济与管理学者文库》的作者，都是我国经济与管理领域的中坚力量，也是未来的大家。他们中有些人潜心从事理论研究，有些人则深耕在实务一线，但无论现实身份如何，视野全都没有被拘泥在“象牙塔”内。他们从不同视角对市场经济的不同要素进行细致审视，然后汇聚于“财经版”这面旗帜之下，相互碰撞，彼此激荡，力求在市场经济转型升级的关键时期留下最新鲜的“中国印记”。

这些经济与管理领域的中青年学者，就是我国市场经济发展的潜力与优势，他们的研究成果，不仅将引领市场经济的各个组成环节向更科学、更先进的方向发展，而且将成为我国政府和企业在未来经济世界扮演更重要角色的支点与动力。祝愿这些中青年学者能攀上更高的学术之山，走向更远的研究之路，也期待宏观、中观、微观各个层面的市场参与者都能从这套文库中得到切实的启发与指引，在全面深化改革、增强发展活力的关键时期，发挥正能量和积极作用，为经济社会发展增添新的动力！

如果您认可，如果您有意愿，欢迎您和您的朋友加盟我们的作者队伍！在中国财经出版传媒集团的“旗舰”下，中国财政经济出版社这“老字号”，一定励精图治，谱写新的篇章。我们用“龙的精神，玉的品质”来助力您实现梦想！

**策划人：樊清玉**

邮箱：qingyuf@ sina. com

2017 年春

在经济全球化、资本市场复杂化和企业经营多元化的背景下，企业资产处置作为经常发生的非经营性活动，其活动之频繁，涉及金额之大，已经成为企业日常活动中不可或缺的组成部分，资产处置产生的损益对企业财务状况的影响程度日趋增强。企业资产处置动因及其经济后果的研究有利于完善资产处置损益的会计处理和披露制度，拓宽真实盈余管理的研究空间，丰富资产处置的经济后果理论，为市场监管者、准则制定部门和注册会计师审计提供参考证据，为财务报表使用者做出更加准确的决策提供帮助，故本书具有较强的理论价值和现实意义。

采用规范与实证结合的研究方法，以前景理论、企业资源理论、委托代理理论和信息不对称理论等为支撑，根据中国证监会、上海证券交易所和深圳证券交易所对资产处置披露的制度规定，对与资产处置相关的基本问题进行分析和概括。文中贯穿资产处置动因和经济后果这一主线，从管理层意图出发，主要研究以下三个问题：(1) 基于非机会主义动因（加快资产周转速度，提高资产使用效率；取得资产处置损益，改变盈利状况；增加现金流量，缓解资金压力等），管理层会通过处置资产改变经营困境，在处置资产的过程中，基于企业生命周期的研究视角，综合分析宏观经济、行业特征以及企业内部因素对资产处置行为的影响，采用中介效应检验资产处置影响资产配置效率的路径和作用机制；(2) 基于机会主义动因（扭亏为盈或平滑利润），管理层会通过资产处置损益调节利润，对未来经营业绩和企业价值产生较大影响；(3) 无论基于何种动机，资产处置行为的发生，资产处置损益信息的披露，都会影响利益相关者对公司盈利能力的判断，引起股票价格和收益率的波动。因资产类别和持有目的不同，在研究过程中，均区分了经营类资产、长期股权投资和金融资产。资产处置动因及其经济后果的研究，为企业科学披露资产处置损益，合理配置企业资产，抑制盈余管理提供了理论指导和建议。



通过对上述问题的系统研究，得出如下主要结论：

(1) 基于前景理论和企业资源理论，从管理层意图出发，探究企业资产处置的动因。基于非机会主义动因（提高资产使用效率、改变盈利状况或缓解资金压力等），若持有资产类别不同，则处置动因存在较大差异。管理层在处置资产的过程中，基于企业生命周期的研究视角，综合分析宏观、行业和企业财务状况等内外部环境的影响，在企业生命周期的不同阶段，内外部环境对企业资产处置行为的影响程度存在较大差异，在衰退期的影响程度尤为显著。基于机会主义动因，管理层有选择资产处置时机的自主权，会实施扭亏为盈和平滑利润的真实盈余管理，无论是处置经营类资产，或是处置长期股权投资和金融资产，都有可能成为真实盈余管理的工具。

(2) 采用中介变量效应的检验方法，研究了处置资产影响企业资产配置效率的路径与作用机制，得出如下结论：以经营类资产为例，基于提高资产使用效率动因，由于资产处置导致资产数量的增减变动，通过影响资产营运能力，进而影响企业资产配置效率，资产的营运能力发挥了中介效应；基于缓解资金压力动因，资产处置有可能引起现金流量的变动，进而影响现金持有水平，最终影响资产配置效率，现金持有水平发挥了部分中介效应；基于改变盈利状况动因，资产处置产生的处置损益能直接影响资产配置效率和盈余的持续性，但并不通过盈余持续性作用于资产配置效率。盈余持续性发挥了遮掩效应。因此，处置经营类资产主要通过影响资产营运能力和现金持有水平，最终影响资产配置效率。处置长期股权投资主要通过盈余持续性从而影响资产配置效率，处置金融资产主要通过营运能力和盈余持续性从而影响资产配置效率。因处置资产类别不同，影响资产配置效率的路径存在较大差异。

(3) 为了实现扭亏为盈，上市公司会利用非流动资产处置收益美化财务报表。为避免盈余大幅度波动或规避税收风险，上市公司可能通过处置资产获取处置损失，实现向下平滑利润。基于扭亏为盈动机的盈余管理，处置经营类资产对未来经营业绩和企业价值都有负面影响；处置长期股权投资对未来经营业绩有负面影响，对企业价值并无显著影响；处置金融资产对短期经营业绩有负面影响，对企业价值并无显著影响。基于向下平滑利润动机的盈余管理，处置经营类资产对未来经营业绩有正向影响，而对企业价值存在负向影响；处置长期股权投资和金融资产对未来经营业绩和企业价值并无显著影响。从内外部治理机制的调节效应的实证检验结果来看，第一大股东持股比例和高管持股比例在抑制真实盈余管理中发挥了积极的作用，外部产品市场竞争以及分析师的跟踪在一定程度上抑制了盈余管理行为的发生。总体而言，内外部治理机制在抑制扭亏动机中都发挥了监督作用，但是外部治理对平滑利润动机的盈余管理抑制作用更为明显。

(4) 无论基于何种动因，资产处置损益总额及其具体构成项目与股票价格及股票收益率之间存在显著的价值相关性，资产处置损益因披露方式不同，具有不同的价值相关性。在进一步分析中，盈亏状况对资产处置损益的价值相关性具有调节效应，在盈利上市公司中，每股净资产更具价值相关性，而在亏损上市公司中，投资者会更多地关注资产处置损益的信息。因行业特征和产权性质的差异，资产处置损益会计信息的价值相关性也存在较大差异。

本书的研究主要有以下三方面的创新：

(1) 采用大样本数据研究了资产处置影响企业资产配置效率的路径与作用机制。之前的文献中，多采用事件研究方法，以发生重大资产处置的上市公司为研究样本，考察资产出售或剥离后的经济后果，重大事件的界定存在一定的主观性，且研究对象中的“资产”仅指固定资产和无形资产。为克服以往研究的缺陷，本书以发生了资产处置损益的上市公司为研究样本，采用中介效应检验的研究方法得出处置不同类别的资产，其影响资产配置效率的路径各不相同的结论。

(2) 构建估计异常资产处置损益的模型。检验在中国特定准则制度下，是否存在以资产处置为手段的真实盈余管理，并检验公司内外部治理机制对真实盈余管理的遏制作用，并进一步研究了基于盈余管理动机的资产处置的经济后果，分资产类别检验其对未来经营业绩和企业价值的影响。

（3）分类研究了资产处置各项明细及其披露方式的价值相关性问题。资产处置项目及其披露方式具有价值相关性，本书的研究结果为中国企业会计准则的改进提供有用的证据。非经常性损益中包括经常发生的资产处置损益项目，该研究有助于提高“非经常性损益”项目的信息质量。

# 导论

关于资产处置损益的会计处理，财政部尚未制定统一的会计准则加以规范，相关规定分散于各具体准则中，资产处置的会计处理存在内在逻辑不一致的问题由来已久。资产处置产生的收益和损失主要计入营业外收支或投资收益等账户。中国证券监督管理委员会（以下简称“证监会”）要求上市公司在对外披露的非经常性损益项目中，有多个项目直接涉及（如经营类资产处置损益、投资类资产处置损益等）和间接涉及（如非货币性资产交换、债务重组产生的损益等）资产处置损益的披露。非经常性损益是中国证监会1999年首次提出的监管指标，中国证监会规范其所披露项目①，而数据来源于财务报表。资产处置损益信息以及披露方式具有价值相关性，会引起股

① 历经2001年、2004年和2007年多次修改，现采用2008年的披露规定，共21项。

票价格的波动，影响投资者的判断和决策。资产处置有利于资产配置效率的提高，也可能成为管理层操控盈余的手段之一，异常的资产处置行为会影响企业的未来经营业绩和企业价值。

## 一、研究背景与研究意义

### （一）研究背景

证监会发布的《解释性公告第1号——非经常性损益》[①]（2008）规定，非经常性损益包括非流动性资产处置损益、非货币性资产交换损益、债务重组损益及处置交易性金融资产、交易性金融负债和可供出售金融资产取得的投资收益等21项。其中，与资产处置相关的项目有非流动性资产处置损益、处置交易性金融资产、交易性金融负债和可供出售金融资产取得的投资收益等。非经常性损益的内容历经数次变更，非流动资产处置损益始终位于披露之首位。2012年中国证监会修订的《年度报告的内容与格式》中规定上市公司应当披露收购及出售重大资产等事项，分析该事项对公司业务连续性的影响[②]。上海证券交易所（以下简称“上交所”）和深圳证券交易所（以下简称“深交所”）发布的《股票上市规则》[③]（2014年修订）明确指出在年报中，上市公司应当披露“购买或者出售资产”，该“购买或者出售资产”，不包括购买原材料、燃料和动力，以及出售产品、商品等与日常经营相关的资产购买或者出售行为，但包括资产置



① 《公开发行证券的公司信息披露解释性公告第1号——非经常性损益》，中国证券监督委员会公告［2008］43号。

② 《公开发行证券的公司信息披露内容与格式准则第2号——年度报告的内容与格式》，http：//finance. sina. com. cn/stock/t/20120922/004813207380. shtml.

③ 《深交所股票上市规则》，http：//finance. jrj. com. cn/2014/10/19204518195352. shtml，之前的规则中均有涉及如何披露出售资产的规定。

换中涉及的资产购买或者出售行为，当“成交金额占上市公司最近一期经审计净资产的10%以上，且绝对金额超过1 000万元的”，或“交易产生的利润占上市公司最近一个会计年度经审计净利润的10%以上，且绝对金额超过100万元的”，应当及时披露。

2014年新修订的《财务报表列报》① 准则要求“被划分为持有待售的非流动资产及被划分为持有待售的处置组中的资产”应当在资产负债表中明确列示，在附注信息中披露“已被企业处置或被企业划归为持有待售”的组成部分（或非流动资产），同时在新的《财务报表列报》准则中明确规定“性质或功能不同的项目，应当在财务报表中单独列报”，如果“某些项目的重要性程度不足以在资产负债表、利润表、现金流量表或所有者权益变动表中单独列示，但对附注具有重要性，则应当在附注中单独披露”。无论是从监管部门的披露制度角度，还是从《财务报表列报》准则修订的角度都可以看出，资产处置的会计处理日趋受到理论界和实务界的重视。

2017年，为了规范企业持有待售的非流动资产或处置组的分类、计量和列报，以及终止经营的列报，根据《企业会计准则——基本准则》，财政部制定了《企业会计准则第42号——持有待售的非流动资产、处置组和终止经营》。同年，财政部针对2017年实施的《持有待售的非流动资产、处置组和终止经营准则》，为规范企业财务报表列报，提高会计信息质量，对一般企业财务报表格式进行了修订。在资产负债表中增加了“持有待售资产”“持有待售负债”项目，在利润表中增加了“资产处置收益”项目，反映企业出售划分为持有待售的非流动资产

① 2014年财政部修订的《企业会计准则第30号——财务报表列报》。

（金融工具、长期股权投资和投资性房地产除外）或处置组时确认的处置利得或损失，以及处置未划分为持有待售的固定资产、在建工程、生产性生物资产及无形资产而产生的处置利得或损失。债务重组中因处置非流动资产产生的利得或损失和非货币性资产交换产生的利得或损失也包括在本项目内。由此可见，经营类资产的处置损益在利润表中单独列示，使得会计信息的披露更加全面，更为客观。

在经济全球化、资本市场复杂化和企业经营多元化的背景下，2006 年财政部发布的会计准则体系重新引入公允价值属性，特别是《金融工具确认和计量》[①]《公允价值计量》[②] 等一系列准则的发布，使得金融资产的交易更为活跃，资产处置损益的发生频率、重要性及持续性显著增长，已经成为影响上市公司盈利能力的重要项目。2007～2015 年长期股权投资、金融资产和经营类资产处置损益之各占净利润的比重超过 1%，分别为 4.12%、2.38%和 1.72%。从资产处置发生频率和发生金额来看，都有必要改进对资产处置损益的列报方式，资产处置产生的损益已经成为利润表中不可忽视的组成部分。



基于“资源有效配置假说”和“集中经营假说”，管理层以企业价值最大化为目标，企业出售资产的目的是将资产配置到最佳用途，通过更加合理的配置，提高企业经营效率。然而，现实中管理层有限理性，企业处置资产行为属于真实的投资行为，利用其操纵盈余更具隐蔽性。黑牡丹（600510）[③] 从 2010 年开始，

① 2006 年财政部颁布的《企业会计准则第 22 号——金融工具确认和计量》。

② 2014 年财政部颁布的《企业会计准则第 39 号——公允价值计量》。

③ 黑牡丹（600510）于 2002 年上市，经营范围主要涉及针纺织品、服装等。2010 年、2011 年和 2012 年非经常性损益占比分别为 53.24%、48.66%和 41.61%，相关数据资料来源于上市公司年报。

多次通过出售长期资产粉饰利润，2010 年实现净利润 3.94 亿元，扣除资产处置利得，净利润缩水 50%；2011 年净利润为 2.53 亿元，其中出售长期资产利得高达 1.23 亿元；2012 年半年报净利润为 1.95 亿元，出售长期资产利得高达 1.34 亿元。由此看来，近三年，处置资产成为黑牡丹调节利润，缓解资金压力的重要手段。2012 年 12 月，汉王科技（002362）[①] 处置其全资子公司，取得 8 000 万元的投资收益，表面上是为了自身业务发展和资源整合，而实际上，2011 年汉王科技亏损，2012 年前三季度仍然亏损 3 800 万元，为了避免戴上 ST 的帽子，处置子公司实属无奈之举。因此，研究资产处置的经济后果，在理论方面和实践方面，均具有十分重大的意义。

（二）研究意义

1. 理论意义。对资产处置动因及经济后果的研究，把资产处置会计实务中蕴含的各种思想加以归纳、提炼、升华，形成一个完整的体系，其所具有的理论价值体现在以下三个方面：

（1）完善资产处置的会计处理和列报制度。1999 年中国证监会提出的非经常性损益概念，并非会计概念，其中资产处置损益的归纳和生成具有较强的主观性，很难保障生成数据的正确性。资产处置产生的损益发生频率较高，是经常发生项目，归集在非经常损益项目下，缺乏科学性。资产处置损益会计处理的研究有利于规范资产处置的会计实务，促进资产处置损益会计处理的统一性与一致性，有利于完善资产处置损益列报制度，提高信息质量，为证监会加强对上市公司的监管提供帮助。

① 汉王科技（002362）于 2010 年上市，属于计算机应用服务业，2011 年亏损 49 669.57 万元，2012 年确认投资收益 11 980.37 万元，盈利 1 152.71 万元，净利润增长率为 102.32%，相关数据资料来源于上市公司年报。

（2）拓宽真实盈余管理的研究空间。资产处置损益作为盈余的重要组成部分，常常被上市公司作为调节利润的工具，上市公司通过处置资产，调节盈利水平，特别是对于某些亏损公司，资产处置往往成为上市公司“保壳”的救命稻草，决定其退市或是复牌的命运。国内外现有文献较少提供资产处置作为真实盈余管理手段的证据，将所有类型的资产处置作为整体来分析上市公司的盈余管理行为，本书的研究结论能够补充资产处置作为真实盈余管理的证据，拓宽真实盈余管理的研究空间。

（3）丰富了资产处置的经济后果理论。资产处置行为的发生会引起资产总额的变动，也可能伴随资产处置损益的产生和现金流量的变动，进而影响企业资产营运能力、盈余持续性和现金持有水平，最终引起资产配置效率的变动。本书采用中介效率的检验方法，动态分析资产处置影响资产配置效率的路径和作用机制。国外的研究并未得出一致的结论，异常资产处置行为可能会损害公司价值，也可能对外传递积极的信号，为公司带来更高的经营业绩。国内基于资产处置的经济后果的相关研究较少，本书基于会计信息质量、企业短期经营和企业价值的经济后果研究，丰富了经济后果理论。



2. 现实意义。对资产处置动因及其经济后果的探索，具有重要的现实意义，具体表现如下：

（1）为市场监管者和准则制定部门提供参考证据。财政部和证监会对资产处置损益的处理有各自的规定，非经常性损益的数据来源于财务报表，其中，有关资产处置损益信息分散于财务报表的不同部分，资产处置损益的归纳和生成具有较强的主观性，很难保障生成数据的客观性。本书提出统一资产处置损益的会计处理，有利于会计数据生成过程更具科学性和准确性，有利于提高“非经常性损益”的信息质量，利用资产处置损益实施盈余管理的实证研究，为证监会加强对上市公司的监管提供经验证据。

（2）为报表使用者提供客观的证据，有助于投资者做出更加客观准确的判断。对资产处置经济后果的研究，有利于增加会计信息的透明度，有助于财务报告使用者理解不同收益项目对企业业绩评价的意义，更加理性地对企业的财务报告做出较为全面的判断，减少财务信息的误导，提高信息披露水平，对企业的有序运作和健康发展有所裨益，并促进社会经济资源的合理配置。

（3）为注册会计师审计提供证据。2007 年实施的《资产减值》① 准则在一定程度上遏制了利用资产减值调节利润的行为。在此背景下，管理层倾向更为隐蔽的真实盈余管理行为，资产处置损益信息从发生的频率和金额来看，对财务报表具有重大影响。资产处置行为成为管理层调节利润的常用工具。关于资产处置动因及其经济后果的研究，有利于规范会计处理，提高会计信息质量，同时为注册会计师审计提供现实证据。

综上所述，本书对我国上市公司资产处置的研究有着一定的理论意义和现实意义，对我国上市公司资产处置行为和动机的研究，有助于完善和发展资产处置会计准则；对资产处置经济后果的研究，可以为修订资产处置会计政策提供相应的理论依据，也可以为证券市场监管机构提供相关的决策依据。

## 二、研究内容与研究方法

### （一）研究内容

基于中国证监会、上海证券交易所和深圳证券交易所对重大资产处置披露要求，结合现行会计准则所有涉及资产处置的规

① 2006 年财政部颁布的《企业会计准则第 8 号——资产减值》。

定，以企业资源理论、前景理论、信息不对称理论和生命周期理论等为支撑，从资产处置的会计处理出发，剖析资产处置会计处理中存在的问题，同时基于管理层处置资产的真实意图，分析企业资产处置的动因，分别从资产配置效率、真实盈余管理和资产处置损益的价值相关性等方面探究资产处置的经济后果，具体内容如下：

1. 资产处置的动因分析。基于企业价值最大化动因，在生命周期的不同阶段，管理层会从宏观、行业和企业层面较为全面地分析影响企业资产处置的因素；基于机会主义动因有限理性，处置资产有可能成为管理层实施真实盈余管理的手段。

2. 资产处置与资产配置效率。基于“有效配置假说”和“集中经营假说”，企业出售资产的目的是将资产配置到最佳用途，通过更加合理的配置，提高企业经营效率，那么，资产处置如何达到资产的有效配置，又是通过何种路径影响资产配置效率，则是需要研究的重要内容。

3. 资产处置与真实盈余管理。基于机会主义动因，管理层有可能利用企业处置资产实施盈余管理，该行为会对企业未来经营业绩和企业价值产生影响。企业的内外部治理机制存在较大差异，且内外部治理机制能否发挥有效的监督作用也是值得研究的问题。

4. 资产处置损益的价值相关性。资产处置损益金额能否引起股票价格及股票收益率变动，即报表使用者能否根据财务报表传递的资产处置信息，做出迅速调整。也就是说，资产处置损益信息能否被充分解读；资产处置损益不同披露方式是否具有不同的价值相关性；企业的盈利和亏损状况以及行业特征对资产处置损益的价值相关性是否存在影响。

为了更好地服务上述实证研究，本书还进行了相关的理论分析，根据实证研究结果，结合我国制度背景，为企业科学披露资产处置损益，合理配置企业资产提供理论指导和建议。

（二）研究方法

本书立足研究背景和研究意义，基于研究目的，遵循研究思路，结合研究内容，拟采用如下研究方法：

1. 规范研究和实证研究相结合的方法。本书综合运用了规范研究与实证研究相结合的方法，对资产处置的相关文献综述、资产处置动因和经济后果的理论分析与研究假设的提出，采用归纳、演绎等规范研究方法；对资产处置动因和经济后果的检验采用描述性统计、多元回归等实证研究方法。规范研究注重从逻辑方面进行概括，强调价值判断，不少理论前提仅仅属于学术上的假设，未经验证，研究结论可能会与现实有较大偏离，实证研究紧密结合实际来切实反映公司经营本来的面目。

2. 定性与定量分析相结合的方法。对资产处置的价值相关性、盈余管理以及经济后果的关系描述主要从理论、逻辑上进行定性分析；对资产处置的价值相关性、资产配置效率以及盈余管理的经济后果的检验主要采用上市公司财务数据进行统计计量和经验检验，通过构建数学模型，测算基于资产处置的盈余管理的异常值，然后运用上市公司财务数据进行统计计量和实证检验，综合运用定性分析与定量分析相结合的方法，试图使研究更为全面。

## 三、研究思路与研究框架

本书按照“提出问题—分析问题—解决问题”的基本思路展开研究。具体而言，在2014年《财务报表列报》准则修订的背景下，从资产处置的会计处理出发，分析资产处置会计处理中存在的问题，基于企业资源理论、前景理论和信息不对称理论等，考察资产处置的动因及其经济后果。

本书的主要内容包括文献综述、理论分析、实证分析和研究结论，研究框架如图 1 所示，除导论和研究总结外，具体研究框架分为以下六章：

第一章以企业资源理论、前景理论、委托代理理论和信息不对称理论等构建全书的理论基础，主要针对企业资产处置动因和经济后果两方面文献进行研究，并对现有文献进行评述，指出现有文献研究的不足之处和未来需要关注的研究领域。

第二章从资产处置的会计处理出发，剖析资产处置会计处理中存在的问题，分别从总体、分项目、分行业、分产权性质描述统计企业资产处置损益的发生状况。

第三章从理论上构建了一个“动因—行为—经济后果”的分析框架，为后文的实证检验提供强有力的理论基础。

第四章实证检验了不同生命周期下影响资产处置的宏观因素、行业因素和企业因素。以企业资源理论为理论依据，与以往文献采用事件研究的方法不同，以所有上市公司的大样本数据为研究对象，基于非机会主义动因（加快资产周转速度、提高盈利能力及缓解资金压力等），采用中介效应的检验方法，分资产类别检验资产处置影响资产配置效率的路径和作用机制。

第五章基于机会主义动因，构建了异常资产处置损益的估计模型，分资产类别实证检验了以处置资产为手段，实现扭亏为盈和平滑利润的真实盈余管理的存在性问题，并进一步分析。基于资产处置为手段的真实盈余管理对未来经营业绩和企业价值的影响，同时检验了内外部治理机制对真实盈余管理的抑制作用。

第六章实证检验了资产处置损益与股票价格和股票收益率的关系。无论出于何种动因，资产处置损益信息均具有价值相关性，其披露方式的不同影响其价值相关性。企业的盈利和亏损状况、行业特征以及产权性质对资产处置损益的价值相关性具有调节效应。

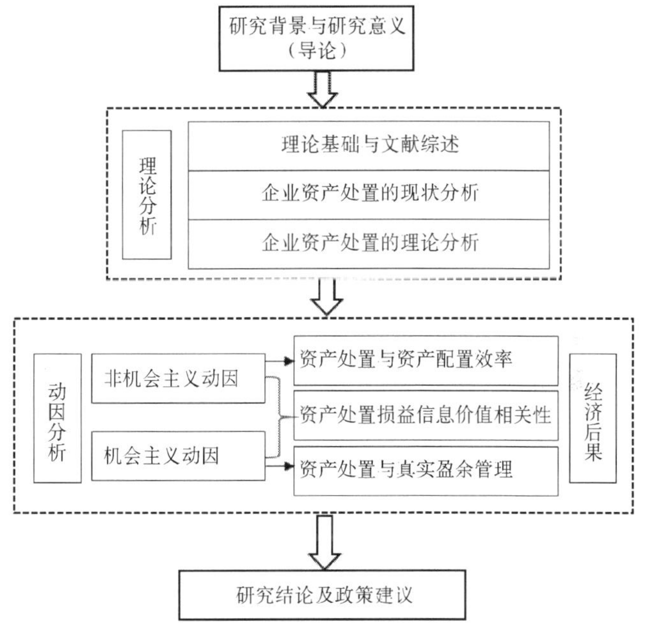


**图 1　本书的研究框架**

## 四、研究范围

本书研究的对象为企业，主要是上海证券交易所和深圳证券交易所 A 股上市公司，不包括行政事业单位以及非营利组织。资产主要指的是非流动资产，包括经营类资产、金融资产和长期股权投资。经营类资产主要包括固定资产和无形资产等非流动资产；金融资产主要包括持有至到期投资和可供出售金融资产等非流动资产，不包括人力资产等无法用货币计量的资产。处置的方式主要包括出售、转让、剥离或重置等。处置的资产不仅包括因报废毁损等原因丧失使用价值的资产，也包括可以正常使用而被处置的资产。债务重组或非货币性资产交换中涉及的资产处置不在本书的研究范围。

# 第一章 制度背景、理论基础与文献综述



在理论分析的基础上，从以下两个方面做文献回顾：（1）企业资产处置的动因分析。从管理层意图出发：一方面，基于公司价值最大化、优化资产配置、提高资产配置效率的动因；另一方面，基于管理层有限理性，信息不对称的客观存在，管理层存在机会主义行为等动因，通过处置资产，实施真实盈余管理。（2）企业资产处置的经济后果。主要分析基于公司价值最大化和管理层利益最大化动因导致的经济后果，无论何种动因，资产处置损益信息都具有价值相关性。

## 第一节 制度背景

研究中国上市公司的资产处置问题离不开中国的制度背景，我们从以下三个方面分析资产处置的制度背景。

## 一、宏观经济政策

2015年12月，中央经济工作会议提出“去产能、去库存、去杠杆、降成本和补短板”这五项2016年供给侧结构性改革的重点任务。会议进一步明确我国经济宏观调控的重点由“需求侧”向“供给侧”转移，其中“去产能”居于“三去一降一补”这五大任务之首。2016年、2017年中央经济工作会议也提出了要继续抓好“三去一降一补”。

目前中国经济处于“三期叠加”的特殊转型阶段，经济发展进入“新常态”。在此背景下，产能过剩问题日益突出，产能过剩由钢铁、水泥等传统制造业延伸至光伏设备、新材料等新兴产业，呈现全面性、长期性、复杂性特征。改革开放以来，我国工业生产出现过三次大规模的产能过剩。

第一次始于20世纪90年代初的产品过剩。随着市场经济体制的建立，部分行业的生产能力迅速扩张，20世纪90年代初，中国逐步由卖方市场转向买方市场。1996年末，全国范围内40%以上的重要工业产品出现产能过剩，大量产能处于闲置状态，纺织、服装、彩电、洗衣机、空调、冰箱等部分产品供给过剩。此轮产品过剩只涉及部分生产领域，并且随着社会需求结构升级和总量扩张，产品过剩得以缓解。

第二次是20世纪90年代末至21世纪初。为应对亚洲金融危机对我国经济的冲击，政府出台了一系列以拉动内需为目标的投资扩张政策，掀起了一轮产能建设浪潮。相应地，产能过剩矛盾就此凸显。一项针对国内市场600多种商品的供求情况调查结果显示，有518种商品供过于求，占调查总数的86%。此后，政府相继出台了产能过剩治理措施，比如2006年3月12日出台的《国务院关于加快推进产能过剩行业结构调整的通知》明确指出，钢铁、电解铝、铁合金、焦炭以及汽车等行业产能已经出现明显过剩；水泥、煤炭、电力、纺织等行业也存在产能过剩风险。

第三次是2009年至今。受2008年国际金融危机的影响，世界主要经济体经济增速下滑，中国制造业产品的出口市场严重萎缩，外贸依存度较高的中国实体经济遭受重创。为应对危机，我国政府于2009年11月出台了扩大国内需求、保障经济平稳运行的经济刺激计划，中央政府计划到2010年底累计完成投资额4万亿元，随后各地方政府结合自身实际情况也出台了总投资额约18万亿元的配套经济刺激措施。除此之外，中央和地方政府在金融、税收、财政、产业政策等方面也陆续出台了稳增长的配套政策措施。这些政策一方面在短期内拉动了国内投资需求，避免了经济“硬着陆”，但另一方面也助推了企业投资扩张，造成工业领域的产能过度扩张，形成产能过剩风险。更为严重的是，始于2009年的第三轮产能过剩至今不仅没有缓解，反而有愈演愈烈之势。比如2015年钢铁行业产能利用率不足67%，汽车行业产能利用率仅50%，煤制油行业产能利用率不足50%，水泥行业产能利用率只有60%。



产能过剩已经成为我国经济结构转型升级过程中的突出问题，是推进供给侧结构性改革任务的重中之重。不妥善化解产能过剩，将会给我国经济社会健康发展带来隐患。第一，宏观经济环境加剧产能过剩风险。为应对2008年金融危机而出台的大规模经济刺激计划使得我国工业产能在短期内急剧膨胀，随着在建产能的陆续完工投产，其累积产能需要社会增量需求予以消化，但随着中国经济发展进入“新常态”，依托后发优势的高速经济增长态势难以为继，社会需求，特别是对钢铁、水泥、电解铝等工业产品的需求增长空间受限。在产能刚性增长与需求增长乏力的双重挤压下，未来中国化解产能过剩的宏观经济环境不容乐观。第二，产能过剩会加剧金融体系风险。债权银行为维持银行短期资本回报，或银行放贷负责人的道德风险行为都会使银行有动机与企业合谋，继续对产能过剩企业提供金融支持，甚至是增加无效率的恶性增资，形成大量“僵尸企业”，催生“实体经济领域的泡沫”。一旦“僵尸企业”无以为继，必然损害银行信贷资产质量，当“僵尸企业”大面积“死亡”时，势必引发连锁反应，形成金融部门的系统性风险。第三，产能过剩加剧中国宏观经济的波动。在宏观经济的繁荣期，企业往往对市场前景预期乐观，从而加大投资扩张力度，逐步形成产能累积，而企业的投资扩张行为会创造大量投资需求，进一步促进宏观经济“繁荣”增长，一旦遭遇金融危机等外生事件冲击，市场需求下降，宏观经济萎缩，就会使前期盲目扩张的企业销售困难，利润下滑。为应对供给过剩，企业就会大力削减产能，从而进一步减少社会有效需求，加重宏观经济萎缩。第四，严重的产能过剩可能引发失业等社会问题。目前我国大部分制造业企业属于劳动密集型企业，吸纳了大量就业人口，当产能过剩累积到一定程度，势必会引发企业大面积破产、工人失业等更严重的社会问题。

宏观的产能过剩治理措施应当根植于行业产能过剩的微观基础——企业产能过剩，只有微观的企业层面的效率改善，才能汇聚为宏观层面的结构性改善。就微观企业而言，钢铁、煤炭、水泥、光伏设备、新材料等行业的产业升级不可避免地带来企业资产处置等一系列问题。

## 二、资本市场发展和资产配置效率提升

资本市场的健康发展有利于上市公司资源的合理配置，上市公司资产处置行为受资本市场发展的影响。上市公司中国资本市

场自20世纪90年代起，从无到有、从小到大、从区域到全国迅速发展，走过了西方成熟市场几十年甚至上百年的道路。尽管历经坎坷，但其规模不断壮大、投资者不断成熟、资源配置效率不断提升，已成为经济发展的重要推动力量。

（一）国有企业改革助推资本市场发展

20世纪80年代，理论界在探讨国有企业体制改革的有效方式时，一些学者提出了建立股份制企业的问题，认为可以借鉴西方成功的企业组织形式改造濒临倒闭的国有企业。与此同时，一些企业冲破旧有体制，采取发行股票方式募集资金，并组建了股份公司。随着发行股票企业的增多，1990年12月和1991年7月上海证券交易所和深圳证券交易所分别成立，宣告中国资本市场的正式诞生。可以说，中国资本市场创建源于国有企业的改革，是为了适应国有企业改革而设立的。据中国证监会的统计，1987~1990年，中国共向社会筹集资金47亿元。资本市场的建立不仅为国企改革提供了融资渠道，还为随后国企改革的深化奠定了基础。



为国有企业改革提供直接融资和帮助国有企业建立现代企业制度是资本市场发展的主要动力。20世纪90年代，投融资体制实行“拨改贷”之后，随着国有企业经营亏损日益增加，银行对国有企业的不良贷款率不断攀升，间接融资渠道很难满足国有企业改革资产重组、规模扩张等的融资需求。此外，解决国有企业历史遗留的过度负债和财产损失需注入庞大的资金，仅靠银行的间接融资已难以满足其巨大的资金需求。因此，通过资本市场发展直接融资是必然的出路。中共十四届三中全会提出的《中共中央关于建立社会主义市场经济体若干问题的决定》指出，要利用资本市场积极稳妥地发展债券、股票融资。同时，资本市场的发展有利于现代企业制度的建立，因为企业为了自己的股票能够上市，利用直接手段来融资，必须按照《公司法》的要求，对企业进行公司制的改造，并完成上市公司的规范操作。在利用资本市场解决国企改革的融资问题的过程中，同时可以利用资本市场实现国有企业治理结构的改革。可以说，从20世纪90年代直到21世纪初，上述两目标是政府大力推动和发展资本市场的主要动力。

国有企业股权分置改革是中国资本市场完善市场基础制度和运行机制的重要变革，也是前所未有的重大创新。股权分置，是指A股市场上的上市公司股份依据能否在证券交易所上市交易，被区分为流通股和非流通股。前者主要称为流通股，主要成分为社会公众股；后者为非流通股，大多为国有股和法人股。股权分置的产生主要根源于早期对股份制以及资本市场功能与定位的认识不统一，并且国有资产管理体制的改革还处在初期阶段，国有资本运营的观念还没有完全建立，是中国经济体制转轨过程中形成的特殊问题。21世纪初，股权分置作为历史遗留的制度性缺陷，在诸多方面制约中国资本市场的规范发展，约束国有资产管理体制的根本性变革的缺点日益突出，而且随着新股发行上市的不断积累，其对资本市场改革开放和稳定发展的不利影响也日益突出。于是，2005年5月轰轰烈烈的股权分置改革展开了，并取得阶段性的成果。股权分置改革，本质上是实现机制上的转换，即通过非流通股股东和流通股股东之间的利益平衡协商机制，消除A股市场股份转让的制度性差异，其意义不仅在于解决了历史问题，还在于为资本市场其他各项改革和制度创新积累了经验、创造了条件。

深化国有企业改革以及完善国有企业治理，实现国有经济的战略性重组，迫切需要资本市场提供有力的金融支持与有效的金融服务。到2006年末，股权分置改革基本完成，资本市场的功能逐渐回归。资本市场的功能回归，吸引了大量沉睡已久的民间资本，强烈的投资需求必然会引来更多的优质资产和公司进入资本市场，以获取资本，实现资本的增值。股权分置改革成功后，随着资本市场体制的逐渐完善，资本市场将成为一个全国优质资产的吸纳器，为国企改革提供了一个全国范围的资源配置平台，企业之间的大额换股并购有了可能。这对于国有经济的战略性结构调整，非公资本参与国企改制，产业整合以及上市公司做优做强，都有积极的影响。而且，国有资本的市场价值和市场价格可以在资本市场获得公允的定价，股价有条件成为新的绩效考核标准。一直以来，无论是考核国有资产保值增值，还是进行国有资产转让，最重要的参考指标都是净资产，但这一指标并不能反映国有资产的真实价值。因此，资本市场的巨大变革，将非常有利于国企改革向纵深推进。

（二）市场化改革促使资源配置更加合理

资本市场从创建初期的区域性到全国性、从初期的无序到有序、从交易品种单一到丰富、从制度规则缺乏到法律制度、交易规则和监管体系的不断完善，是一个市场化不断深入的过程。《证券法》于 1998 年 12 月颁布并于 1999 年 7 月实施，是中国第一部规范证券发行与交易行为的法律，并由此确认了资本市场的法律地位。2005 年 11 月，修订后的《证券法》颁布。《证券法》的实施及随后的修订，标志着资本市场走向更高程度的规范发展，也对资本市场的法规体系建设产生了深远的影响。

在监管体系方面，自 1998 年建立了集中统一监管体制后，为适应市场发展的需要，证券期货监管体制不断完善，实施了“属地监管、职责明确、责任到人、相互配合”的辖区监管责任制，并初步建立了与地方政府协作的综合监管体系。与此同时，执法体系逐步完善。中国证监会在各证监局设立了稽查分支机构，2002 年增设了专司操纵市场和内幕交易查处的机构。2007 年，为适应市场发展的需要，证券执法体制又进行了重大改革，建立了集中统一指挥的稽查体制。在发行体系方面，在资本市场创建初期，国家采取了额度指标管理的股票发行审批制度，即将额度指标下达至省级政府或行业主管部门，由其在指标限度内推荐企业，再由中国证监会审批企业发行股票。2001 年 3 月 17 日，新股发行核准制的正式启动，是新股发行市场化改革中重要的一步，将彻底取消原来新股发行中的额度和指标，放开一级市场定价，定价由市场供求决定。2013 年 11 月，中国证监会发布《关于进一步推进新股发行体制改革的意见》，提出以市场化、法制化为导向，突出以信息披露为中心的监管理念，逐步推进股票发行从核准制向注册制过渡。在投资者和交易品发展方面，2002 年，中国证监会主导的基金审核制度渐进式市场化改革启动，监管部门简化审批程序，引入专家评审制度，使基金产品的审批过程渐趋制度化、透明化、专业化和规范化。从 2002 年初到 2005 年底，行业运作的规范化、透明化程度得到加强，初步建立社会公信力。改革引入的市场竞争机制激发了基金管理公司创新能力和服务质量的大幅提升。2002 年以来，中国基金业推出了成熟市场绝大多数主流基金产品，丰富了投资者的选择。此外，随着资本市场的发展，保险、社保基金以及企业年金等机构投资者逐步进入资本市场，初步改善了资本市场的投资者结构及各类机构投资者发展不平衡的局面。同时，沪、深证券交易所交易品种逐步增加，由单纯的股票陆续增加了国债、权证、企业债、可转债和封闭式基金等。

（三）政府主导规范资本市场的发展

中国资本市场是一个制度供给型市场。政府在资本市场建立、发展和完善过程中发挥着主导作用。

首先，政府不仅是资本市场的创立者和监管者，而且是资本市场的主要参与者，国有控股公司不仅是沪深股市上市公司的主体，也是中国资本市场发展的最大受益者。资本市场发展的大政方针取决于政府的意愿。在资本市场的发展进程中，政府管理层曾对资本市场发表过三次重要的意见，且对资本市场的发展都产生过重要的推动作用。从最初的“允许看、坚决试、可以关”到“宁肯慢，务求好”进而到“法制、监管、自律、规范”，体现了政府对资本市场发展的态度。在特定的时期内，资本市场完全是按照政府的意愿而发展和推进的。

其次，政府通过不同方式控制着资本市场，表现为资本市场的“政策市”特征。一方面，非政府主体的金融创新必须得到政府的认同和批准才能实施。同其他领域的改革一样，在资本市场发展的进程中，很多情况是属于自下而上的过程，如发行股票筹集资金，在经济体制改革的初期其实是一种民间的自发行为。诸如此类的资本市场的创新举措，若被政府认同或批准，才成为合法，否则就被政府明令禁止。另一方面，政府依靠行政命令、法律法规等手段规划、组织、实施和监控资本市场的发展，如证券发行的计划额度控制、资本市场的监管体制等都带有明显计划的行政色彩；再如股权分置改革前的国有股法人股，也是一种政府行为，政府为了保持公有制主体地位，设置国有股法人股不能流通，是不符合股份制原则和资本市场内在逻辑的政府行为。



### 三、信息披露制度的建立与变迁

信息披露作为构建企业信息环境的出发点，能够有效地降低企业与信息使用者之间的信息不对称程度，在优化资产资源配置方面发挥着至关重要的作用。自资本市场建立开始，我国便不断加强信息披露制度的广度和深度，以期通过健全的制度，建立良好的资本市场信息环境。

1990 年 11 月 26 日和 12 月 1 日，上海证券交易所和深圳证券交易所先后成立，标志着我国证券市场正式成立。1992 年 10 月，中国证券监督管理委员会成立，负责组织拟订有关证券市场的方针、政策、法律和规章，信息披露制度的建立与发展也由此开始。1993 年 3 月 18 日，根据《国务院关于进一步加强证券市场宏观管理的通知》的精神，中国证监会颁布了《关于股票公开发行与上市公司信息披露有关事项的通知》，对信息披露的形式做了最初的规定；同年 6 月 10 日，又颁布了《公开发行股票公司信息披露实施细则》，进一步对信息披露的范围、日期、内容等方面做出了具体规范，这是我国首部较为全面的信息披露管理办法。1994 年 6 月 23 日，中国证监会通过《公开发行股票公司信息披露的内容与格式准则第 3 号——中期报告的内容与格式(试行)》，对上市公司半年报和季报的披露形式也做出说明。至此，我国证券市场信息披露制度形成了一个基本的框架。

从 1996 年开始，国家对资本市场中重大事项的信息披露做出有针对性的具体要求。当年 12 月 2 日，中国证监会发布《关于加强对上市公司临时报告审查的通知》，要求当发生国家股权转让、外资收购、控股股东变动、资产重组等重大事件时，上市公司需对该事件做专项披露。12 月 13 日，《关于上市公司发布澄清公告若干问题的通知》对上市公司发布澄清公告过程中所拥有的权利和应承担的义务做了具体的规定。2000 年 6 月 7 日，中国证监会对 ST、PT 公司信息披露做出补充要求，在《关于进一步加强 ST、PT 公司信息披露监管工作的通知》中，要求 ST、PT 公司必须要在第一季度末和第三季度末披露季报。

进入 21 世纪后，随着相关披露要求的增多，公司之间对披露准则的理解与执行的差异也逐渐扩大，导致不同公司之间信息披露的形式有较大的差异，影响了公司之间财务信息的可比性。为了解决这一问题，中国证监会于2001年12月10日修订《公开发行证券的公司信息披露内容与格式准则第2号——年度报告的内容与格式》，大体上统一了上市公司年度报告应披露的内容、顺序与格式，并首次明确了上市公司管理层要对财务报告的真实性、准确性和完整性承担连带责任，从而进一步保证了信息披露的可信度。

为了提高信息披露的及时性，中国证监会还拓展了编制季报公司的范围，在2001年颁布的《公开发行证券的公司信息披露编报规则第13号——季度报告内容与格式特别规定》中，规定从2002年开始，所有上市公司都需编制季度报告。2002年6月，中国证监会颁布《公开发行证券的公司信息披露内容与格式准则第10号——上市公司新股发行申请文件》，对新股发行过程中公司的信息披露义务做了明确的说明。随后，中国证监会还分别发文对招股说明书、股票上市公告书、发行可转换公司债等特殊事项的信息披露要求做了具体说明。



2003~2006年，中国证监会根据情况的变化和实际的需要，对差错更正、公司债上市等特殊事件做了补充说明，对招股说明书、IPO公告书的披露内容做出修订，基本完成了我国证券市场信息披露准则的制定工作。2007年1月30日，中国证监会将以前十余年制定的规则做了整理和汇编，颁布《上市公司信息披露管理办法》，对信息披露义务人的信息披露义务和行为做了总括性的规范，涵盖公司准备上市时、发行过程中以及上市后持续信息披露的各项要求，成为我国目前最为完备和权威的信息披露准则。随后，中国证监会又陆续发布了近40项《公开发行证券的公司信息披露内容与格式准则》，对信息披露涉及的每项事件的披露方式都做出详细的说明，标志着我国信息披露制度的建立基本完成。

除中国证监会制定的信息披露准则以外，相关部门还在国家层面通过立法将信息披露制度提升到一个新的高度。1999 年颁布，并在 2004 年、2013 年和 2014 年三次修订的《证券法》同样在第 69 条中明确规定，相关责任人违反信息披露要求并造成投资者遭受损失的，应对造成的损失负责，公司相关方对此负有连带责任；第 124 条中要求上市公司设立董事会秘书一职，专门负责信息披露的事务。在 2006 年 6 月 29 日发布的《中华人民共和国刑法修正案（六）》中，规定违背信息披露准则的公司主管或责任人将负有刑事责任，这一法律的颁布，极大地提高了违背信息披露准则的法律成本，对信息披露准则的执行提供了强有力的保障。

除了强调公司信息披露的义务以外，中国证监会还通过制定法规强化第三方在信息披露中起到的积极作用，从而进一步完善信息披露制度。早在 1994 年，对年报中应包含内容进行说明时，中国证监会就要求上市公司的年度报告需经注册会计师审计，并出具审计报告，而且审计报告应在财务报告中列示，签字注册会计师对该财务报告负有连带责任。在这以后相关规定虽经数次修订，但通过注册会计师审计以提高信息披露质量的基本制度一直没有改变。另外，1999 年颁布的《证券法》对分析师的准入资格和行为规范做出法律层面的约束，整顿了分析师行业中的乱象，将分析师行业纠正到良性发展的轨道上来，从而保证了其在信息披露体系中应起到的积极作用。2008 年金融危机中出台的“国九条”强调，“要引导和加强新闻媒体对证券期货市场的宣传和监督”，这一要求从战略层面上将媒体报道纳入到信息披露体系中。

目前，我国已建立起以《公司法》和《证券法》为宏观路线指导，以《上市公司信息披露管理办法》为基本行为办法，以《公开发行证券的公司信息披露内容与格式准则》为具体行事方式，并以注册会计师审核、分析师预测及媒体监督为辅助的信息披露体制。然而，由于市场建立时间尚短、监管措施不到位、处罚力度偏轻以及市场参与者不成熟等原因，我国证券市场仍处于弱势有效阶段，信息使用者与提供者之间的信息不对称程度较高，市场对新披露的信息反应较强。企业在发生重大资产处置、重组、清算后，应当规范披露程序、披露时间和披露内容等，为信息使用者提供客观、全面、规范的会计信息。

## 第二节　理论基础

本节分析企业资源理论、前景理论、委托代理理论和信息不对称理论，构建全书的理论基础。前景理论刻画了主体（主要指管理层）的行为决策过程，企业资源理论为客体（指资产）的持有或处置提供了依据，无论主体或客体都离不开客观存在的制度背景。

### 一、企业资源理论

20 世纪 80 年代，从内部因素探索企业竞争优势，加速了企业资源理论的诞生。该理论认为企业是资源的集合体，资源禀赋的差异使企业间存在异质性；企业竞争优势来源于企业拥有和控制的稀缺的、有价值的、不可替代的异质性资源。下面主要介绍企业资源理论的兴起、内容及其在资产处置中的应用。

（一）企业资源理论的兴起

企业资源理论的思想由来已久，早在 1933 年 Chamberlin 和

Robinson 就认识到企业专有资源的重要性，认为企业独特的资产和能力是获得超额利润的重要因素①。1959 年 Penrose 对于企业资源理论的观点较为系统性的表述，成为后来企业资源理论的基本思想。他认为，企业是资源集合，企业所拥有的资源是异质的，异质性的资源影响企业绩效②。企业竞争优势来源的观点源于新古典经济学、产业结构学派和企业资源理论。新古典经济学派认为市场中所有企业拥有完全和充分的信息，生产要素可以在企业间自由流动，企业是同质的，不存在竞争优势。现实中，企业之间存在差异，竞争客观存在，新古典经济学派无法解释这一现状。以波特为首的产业结构学派提出了企业的竞争优势由其产业环境决定的观点，认为同一产业内的企业的战略资源是一致的，企业资源是完全流动的，异质性仅在短期内存在。20 世纪 80 年代，从内部因素探索企业竞争优势的研究，促使了企业资源理论的诞生。

（二）企业资源理论的主要内容

企业资源理论是集企业资源基础观、能力观和知识观等为一体的各种企业观的理论集合，主要包括：（1）资源基础观。1984 年，Wernerfelt 提出应从内部因素即资源的角度去探究企业的竞争优势，将企业视为一组资源的集合，分析了资源与盈利能力的关系，同时使用“资源—产品”矩阵分析如何平衡现有资源与开发新资源间的关系③。Barney（1986）通过构造“战略要素市场概念”来分析竞争优势形成的机理，认为竞争优势来自企业所控制的资源和能力，这些资源无论是从历史原因、偶然机

① 张伯伦：《垄断竞争论》，商务印书馆 1961 年版。

② 潘罗斯（Penrose，E. T.）. 企业成长理论，上海人民出版社 1959 年版。

③ Wernerfelt，B. A Resourse-based View of the Firm. *Strategic Mangement Journal*. 1984.

会或其他途径取得，都具有价值性、难以模仿和无法被替代的特征。Rumelt（1987）研究得出，企业自身的特殊性是超额利润的源泉，而不是产业内的相互关系。Diericks 和 Cool（1989）构建了一个“资产存量积累”的分析框架，认为真正带来竞争优势的资源是企业内部积累，资产存量只能通过一系列持续的策略才能发展起来，企业强势资产的持续性取决于被模仿或替代的可能性①。Grant（1991）认为企业应重视资源、能力、竞争优势与盈利能力间的关系，资源是生产过程的输入品，能力是执行某项任务或活动的实力，同时还对资源和能力的透明度、持久性、可转移性等提出了独到的见解。（2）企业能力观。同资源基础观一样，企业能力观的提出起源于竞争优势从何而来的问题。Hamel 和 Heene（1995）提出把能力基础作为研究竞争优势的基础理论框架，提出综合动力性、系统性、整体性等能力概念，认为企业是开放的系统，一种资源的潜在价值在于企业与其他资源的整合和配置。Teece 等（1997）将企业资源分为四个层次：企业购买的生产要素和获得的公共知识是企业必需的；企业专有资产，如商业机密、特殊工艺等，难以被模仿或复制；企业的能力，即组织、管理生产要素和专有资产的能力，具有很强的经济性，是不断创新的能力和最为关键的能力。（3）企业知识观。该理论认为企业本质上是一个知识的集合体，企业长期积累的知识尤其是隐性知识难以模仿或复制。Grant（1996）在总结前人研究的基础上提出企业知识观，他阐述了知识与资源的关系，从质和量上区分了对能力和知识的认识②。



---

① Diericks I. and K. Cool. Asset Stock Accumulation and Sustainability of Competitive Advantage. *Management Science*. 1989.

② Grant, R. M. Prospering in Dynamically-Competitive Environments: Organizational Capability as Knowledge Integration, *Organization Science*, 1996.

（三）基于企业资源理论的资产处置行为分析

基于企业资产资源的理论分析可知，企业内部资源的充分合理利用，是企业成长和发展的根源，是提升企业竞争力的途径之一。企业资源理论关键的问题是要解决资源配置问题。就宏观层面而言，其主要目标是将有限的资源配置到各个领域，从而实现资源的有效配置和社会的协调发展。影响宏观资源配置的因素主要有价格、竞争和信息等。价格的指挥功能引导商品供给量和需求量的增减变动，从而引导资源的流动方向。就微观层面而言，如何将已有的资源进行有效配置，主要受管理层能力、管理层偏好及战略定位等因素的影响。从会计学角度来看，资产是企业可利用或控制的，预期能为企业带来经济利益。“资产”本身就是资源的组成部分。资产具有资源应有的特征和属性，因此，适合“资源”的相关理论，同样适合“资产”。资产处置是最优资产配置的修正措施，将多余或长期闲置的经营性资产出售或转让，避免资产长期闲置或利用率不足，从而调整资产结构。同时，为获取短期利润，将持有的金融类资产出售，也可以调节风险水平。资产处置的最终目标是达到资产的有效配置，提升企业绩效，增强竞争能力。合理的资产配置是提高企业竞争力的源泉，本书第四章将在资产有效配置的理论基础之上，采用中介效应的检验方法，分析资产处置影响资产配置效率的路径和作用机制。

## 二、前景理论

前景理论是行为金融学的重要理论之一。1979 年，由诺贝尔经济学奖获得者卡尼曼（Kahneman）和特沃斯基（Tversky）提出。该理论以心理实验为基础，融入个人的心理感知，用于描述个体行为决策，是对期望效用理论[①]的批判和对传统微观经济学中的风险决策理论的修正。

（一）前景理论的兴起

前景理论的兴起经历了从“理性人”到“有限理性”的转变过程。传统理性人假设是建立在理性人具备完全的认知能力基础上的期望效用理论，在实际应用的过程中面临诸多问题。理性人假设与现实生活脱节，由于个体存在差异以及生活中无法避免的信息不完全对称，个体对事物的认知是不完全的。期望理论无法解释现实中存在的问题。诺贝尔经济学奖获得者西蒙最早上对“完全理性”假设提出了批判，认为理性是有限度的，人的能力是有限的，信息是不完全的，人们寻找的不是“最优”决策而是一种“满意”的结果[②]。诺斯（1994）指出人的行为比个人效用函数更复杂，不仅仅是财富最大化行为，更多的时候是利他和自我施加的约束。卡尼曼（2002）构建了思维的双系统模式，以此来解释行为人理性有限的原因，行为人的行动受到直觉和推理两个系统的影响。



前景理论从实际决策行为出发，小到个人或者企业投资，大到国家政策制定，决策无处不在。行为经济学比传统经济理论更好地描述了在不确定条件下的决策行为。前景理论认为人类行动决策的依据是行动预期后果带来的心理感受，以赋值为零的中性参考点的偏离程度表示行动的后果，这种偏离可能为正值也可能

① 期望效用理论起源于20世纪50年代，是由冯·纽曼和摩根斯坦建立的选择分析框架，该理论假定个体决策时富有理性预期，遵循效用最大化原则，在不确定性状态下，行为决策取决于期末财富和发生概率的大小。

② 1984年，在《经济理论中的有限理性模型及其他论题》一书中，西蒙认为人是有限理性，介于完全和非完全理性之间，为简化决策变量条件下表现的理性行为，在决策的过程中追求满意的结果，而不是最佳方案。

为负值，用以表示收益或损失。心理感受的评价取决于行为主体的价值函数和赋权函数。

（二）前景理论的主要内容

卡尼曼（Kahneman）和特沃斯基（Tversky）提出了一种新的关于决策行为的分析框架。前景理论的基本原理主要包括：面临“收益”时，多数人表现为风险厌恶型；面临“损失”时，多数人表现为风险追求型；人们对“损失”的敏感性高于对“收益”的感知，也就是说“收益”带来的快乐往往小于等量“损失”带来的痛苦。

前景理论是对期望效用理论的修正，与其最主要的区别为：首先，在前景理论中，决策者关心的是财富变化量，而不是财富本身的最终价值。变化量具有相对性，是相对“参照点”而言的。参照点选择是个体主观认定的，随参照主体、参照时间以及环境的变化而变化。在个体决策过程中，参照主体通常会基于过去或当期水平做适应性调整。其次，前景理论中的价值函数有别于期望效用理论中的效用函数。效用函数以严格凹函数来表现投资者的风险厌恶水平，其自变量为决策可能产生的实际后果；而价值函数以参照点为拐点，且“损失”部分更为陡峭，表示投资者的损失厌恶程度。函数的形态呈现“S”形，如图 1－1 所示，价值函数的自变量为经参照点调整后的决策结果。最后，前景理论中决策权重函数取代了期望效用理论中的概率，决策权重是决策者根据事件结果的概率（P）做出的主观判断，既不是概率，也不符合概率论的公理，而是赋予决策者的心理概率。权重函数 w(p) 是概率 p 的单调增函数，对于小的概率，赋予过大的权重，即 $w(p) > P$，而对于大概率要赋予小的权重，即 $w(p) < P$，如图 1－1 所示。

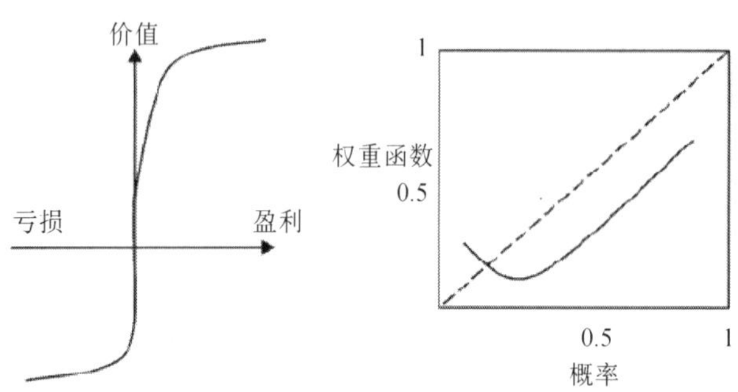


**图 1-1　前景理论中的价值函数曲线和权重函数曲线**

（三）基于前景理论的资产处置行为分析

已有文献将前景理论纳入股票市场个体投资者处置效应（李新路和张文修，2005；王强松，2009；赵学军和王永宏，2001 等）的理论框架，分析投资者个体决策行为、个体投资者对风险态度及风险与收益两者间的权衡关系。资产处置行为实质上是一种决策过程，当管理层面临处置资产决策时，首先要根据需要确定参考点。一般情况下，经营类和金融类资产因物质形态和持有目的不同，处置资产的决策过程存在差异，处置经营类资产主要考虑资产闲置状态和剩余价值，而金融类资产主要考虑持有收益和未来收益。当公司出现亏损的情况下，管理层会以盈余阈值作为参考点。其次，对现状进行评估。当盈余水平低于盈余阈值时，管理层表现为风险偏好，愿意采取高风险的财务决策，处置本该长期持有的资产，获取短期收益。正是由于短期收益和长期利益的内在冲突，管理层“想做”和“应该做”的事情之间存在本质矛盾，使得处置资产的过程可能成为管理层和所有者利益博弈的过程，同时也是收益（包括避免特别处理、退市等风险，薪酬增加等）和成本（经济赔偿、未来就业机会减少等）权衡的过程。

## 三、委托代理理论

20 世纪 30 年代，企业所有者兼任经营者的模式出现了诸多弊端，所有者权力过于集中，甚至独断专行，不利于集思广益等缺点阻碍了市场经济体系的进一步发展。Berle 和 Means (1932)① 认为，企业的所有权和经营权应当分离，让具有专业知识和能力的职业经理人管理企业，所有者支付经理人薪酬后，享有企业剩余经营成果。

现代契约理论认为企业是“一系列契约的联结”（Jensen and Meckling，1976）②，为了维持企业契约的有效运行，各缔约方通过一系列契约来规范各方的利益，按照契约规定提供资源和分享成果。委托代理理论是契约理论发展的最重要的成果之一，企业投资者并不直接经营企业，而是以缔结契约的形式将控制权托管给董事会，投资者与董事会之间表现为信任托管关系。董事会挑选有能力的经理，并将企业日常经营管理权授予最高经理层。于是，企业所有者与经营者之间便表现为委托代理关系。

所有权与经营权的分离，使得委托人与代理人之间需要订立一些或明或暗的契约，按照契约要求，代理人行使委托人授予的经营活动决策权，直接管理企业。作为股东代表的董事会，企业价值最大化可以给股东带来更多的剩余收入，希望代理人基于该目标做出决策，而代理人追求的是个人利益最大化，追求个人人力资本增值、报酬增长、奢侈消费和闲暇时间最大化。因此，委托人与代理人之间利益的不一致是委托代理关系产生的根本原



① 伯利、米恩斯著，甘华鸣、罗锐韧和蔡如海译：《现代公司与私有财产》，商务印书馆 2005 年版。

② Jensen, M., Meckling, W., Theory of the Firm: Managerial Behavior, Agency Costs, and Ownership Structure. *Journal of Financial Economics*, 1976.

因。同时，由于客观存在于委托人和代理人之前的信息不对称以及监督管理困难使得委托代理关系进一步恶化。此时，代理人会采取更多的短期行为，放弃那些给企业财务状况带来短期不利影响，但却有益于企业长期发展的项目，比如有益的并购、资产重组或处置正在使用的资产等。

委托人和代理人的根本利益冲突是导致处置资产过程中机会主义行为产生的根本原因，股东希望管理层基于企业价值最大化目标处置资产，有效配置企业资产，而管理层有可能以自身利益最大化作为其从事经营活动的目标，违背股东的意愿，导致逆向选择①和道德风险②，管理层会在自身利益的驱动下，在资产处置时机，资产处置类别以及资产处置损益信息的确认、计量和披露过程中，做出对自身有利的选择。正是由于委托代理问题的存在，探究处置资产背后的动因显得尤为重要，管理层处置资产的动因不同，产生的经济后果大相径庭。

### 四、信息不对称理论

委托代理理论与信息不对称理论是紧密联系的，信息不对称是指信息在相互对应的经济个体之间呈不均匀、不对称的分布状态。完整的市场经济活动包含了管理层、控股股东、中小股东、债权人、监管者及潜在投资者等众多参与者，各类参与者对信息的掌握程度存在差异。对信息掌握比较充足的一方，在博弈中往往处于比较有利的地位。



---

① 逆向选择是指理性投资者在信息掌握不充分的情况下，仅愿意支付较低的价格获得商品，导致好的商品退出市场，差的商品获得超额利润，最终扭曲了市场资源配置。

② 道德风险是指信息优势方利用信息劣势方对信息掌握的不准确、不全面和不及时，利用蒙蔽或欺诈的手段，侵占信息劣势方的利益。

在古典经济学中，亚当·斯密在其著作《国富论》[①] 中提出，利用市场这只“看不见的手”便可达到供需平衡，实现资源的最优配置，而实现这一目标的前提是市场中信息的流通是及时、畅通并且没有成本的。显然，在现实中这是不可能实现的，即使当今社会科技的发展，大大提高了信息传播速度，降低了信息传播成本，人们所掌握的知识越来越专业化，但由于信息披露方较之信息需求方有着天然的信息优势，信息不对称程度并未降低到能实现最优资源配置的水平。信息不对称广泛存在于契约中，契约的管理层直接参与企业的经营活动，能够对企业经营情况和经营业绩做出客观评价，而企业所有者和利益相关者并不直接参与生产经营过程，多数信息的取得是依据经营者提供的信息来最终评价企业的生产经营过程，这些信息通常以财务报告形式披露。从理论上讲，管理当局对其拥有的信息不做客观、完整、及时的披露，信息使用者就难以获得管理当局独占的内部信息，从而也不可能对提供的会计信息的真实性与公允性加以评判。因此，在代理人和委托人目标不一致的情况下，当评判管理层是否履行契约，或者履行契约的经济后果时，作为代理人的管理层必然会利用自身的信息优势“修正”。

管理层常用的考核指标或薪酬契约通常基于会计利润的盈余指标，当管理层无法达到预期的盈利水平时，会通过构造真实交易，例如将本应该长期持有的资产进行处置，改变现有的盈利水平。正是由于信息不对称性的客观存在，使得管理层实施盈余管理成为可能。处置资产作为真实盈余管理的手段之一，是企业真实的行为，利用其实施盈余管理更具隐蔽性，极有可能对企业的经营发展带来更大的危害性。

---

① 亚当·斯密著，严复译：《国富论》，上海世界图书出版公司 2012 年版。

## 第三节 企业处置资产的动因

影响企业资产处置的因素纷繁复杂，管理层基于公司价值最大化，为实现企业资产的有效配置，综合企业所处的宏观环境、行业因素等影响，考察影响企业资产处置的因素。然而，现实中，由于所有者与经营者分离，两者之间存在利益分歧，管理层占据信息优势，有可能产生机会主义行为，下面从上述两方面进行文献回顾。

### 一、非机会主义动因

借鉴 Hite 等（1987）提出的资产出售的“有效配置假说”（Efficient Allocation Hypothesis）和 John 与 Ofek（1995）提出的“经营集中假说”（Centralized Management Hypothesis），提出本书研究的观点——资产有效配置。“有效配置假说”是基于市场有效性和管理层以企业价值最大化为目标提出的。企业出售资产的目的是将资产配置到最佳用途，通过更加合理的配置，资产出售可以提高企业经营效率，同时，出售方能够取得由此带来的收益。根据有效配置假说，出售方会保留具有优势的资产，不管购买方财务状况如何，当其能够有效地利用时，出售方会将资产出售。在有效配置假说下，资产出售具有正的公告效应。Alexander 等（1984）、Hite 等（1987）和 Jain（1985）发现这一正向的平均超额收益为 0.5% ~1.66%。“经营集中假说”认为提高经营集中度是资产出售的重要动机。John 和 Ofek（1995）以 1986 ~ 1988 年 321 起 1 亿美元以上的资产剥离为样本，得出如下结论：出售资产消除了被出售资产与留存资产之间的负向协同效应，提高了留存资产的绩效；企业在资产出售后盈利能力增强，尤其是经营集中度提高的企业，绩效的提升与集中度的提高正相关。

上述文献无论是有效配置资源假说，还是经营集中假说，最终的目标都是为了实现公司价值最大化。企业在处置资产的过程中会综合考察宏观环境、行业特征等影响。

姜国华和饶品贵（2013）认为对宏观经济与微观企业行为互动作用的研究有助于理解宏观到微观的传导机制，可能拓宽会计和财务研究的新领域。宏观经济波动对微观企业行为的影响日渐受到理论界的关注。2013 年，中欧国际工商学院针对中外企业 1 214 位高管的问卷调查中，发现 46% 的本土企业和 37% 的外资企业在日常经营管理中会关注“宏观经济波动”因素。对现有文献进行筛选时，并未获得宏观经济波动影响企业资产处置的直接证据，但是发现越来越多的文章关注宏观经济波动对微观企业行为的影响，宏观经济波动可能影响企业现金持有水平、投融资行为等，也会影响企业的盈余管理行为。

陈志斌和刘静（2010）基于金融危机背景，分析宏观经济总体水平作用于微观企业的路径，以及微观企业最终影响现金流的路径，提出经济危机中应关注经营现金流的流速问题，以及投资、融资的现金流和自由现金流的匹配问题。陆正飞和韩非池（2013）区分长期宏观经济政策和短期宏观经济政策对企业现金持有的影响。研究发现，宏观经济政策主要通过投资机会路径影响企业现金持有的市场竞争效应和价值效应。孙杰（2013）的研究发现企业现金持有水平与宏观经济波动呈逆周期变化。经济繁荣时期，企业现金持有水平较低，经济下行时期，企业持有更多的现金，融资约束较为严重的企业对经济波动的反应更为强烈，同时印证了外部融资环境的改变成为宏观经济波动影响企业现金持有行为的作用机制。罗时空和龚六堂（2014）研究发现企业债务融资和股权融资行为呈现顺经济周期性，企业规模越大，债务融资的顺周期效应越显著，企业规模对股权融资的顺经济周期效应并不显著。王雄元等（2015）研究认为宏观经济波动性会影响实体经济和投资者对风险的态度，进而影响债券风险溢价。货币政策波动性越强，企业风险对短期融资券利差的影响越大，而信贷规模波动和乐观程度较高的市场会弱化两者之间的相关性。秦天程和张铁刚（2016）研究发现宏观经济波动的加大，会加大企业研究和开发（以下简称“R&D”）投入的融资约束程度，这在非国有企业和中小企业中尤为显著，而对于国有企业和大企业的影响并不显著。

任何企业的生存发展都不能脱离宏观经济环境而独立存在，以上研究文献为考察宏观经济波动对企业资产处置行为的影响，提供了有益的借鉴。

行业的资产构成和资产风险呈现较大差别。行业特征会对企业的投融资行为、资本结构、股利政策等产生影响。不同行业的资产持有存在较大差异，对其资产处置行为也会产生较大影响。现有文献分别从行业差异、行业周期性、行业竞争、行业受管制程度等方面研究了行业特征对企业行为的影响。

连玉君等（2011）认为，行业特征影响上市公司现金持有行为，不同行业间的现金持有水平存在显著差异，行业收益不确定性和行业竞争程序是影响现金持有水平的重要因素。李延喜等（2013）认为，行业管制对企业的过度投资行为有一定的影响，管制行业的过度投资分布呈现局域空间集群，非管制行业无规律可循。进一步分析，外部治理环境对管制行业的过度投资程度有一定的抑制作用。陈信元等（2013）认为行业竞争会影响管理层投资决策，增加了投资的灵活性。梅波（2013）比较了处于不同行业周期的上市公司研发费用投入的差异。孙晓华和李明珊

(2014) 认为行业因素是决定企业研发投资的主要因素，企业研发投资差异主要源于行业特征的不同。邓翔等（2014）具体比较了不同行业的融资约束水平，房地产业和信息技术业的融资约束概率最大，建筑业融资约束概率最小，传播文化产业、社会服务业、批发零售业和采掘业等属于低融资约束行业，农业、交通运输、仓储业、制造业等面临一定程度的融资约束。

已有研究还发现，宏观经济波动、行业因素对盈余管理行为有较多的影响，陈武朝（2013）研究得出经济收缩期的盈余管理程度大于扩张期，这种差异在周期性行业的上市公司尤为突出，在非周期行业的上市公司并无显著差异。张欢（2014）研究发现金融危机爆发后，与竞争性行业相比，垄断性行业的上市公司从事了更多的盈余管理，行业内处于竞争优势的上市公司从事了更多的盈余管理。王红建等（2015）发现宏观经济的周期性波动与企业年利润率的波动趋势比较一致。当管理层预期公司盈利水平小于行业盈利水平时，正向盈余管理与宏观经济增长率显著正相关，产品市场竞争越大，正向盈余管理的顺周期效应越显著。孙晓华和李明珊（2014）比较了行业因素和企业因素对研发投入的影响，认为生产规模、企业年龄等与 R&D 强度显著负相关，企业性质对研发决策也具有显著影响。企业资产处置行为受所处行业特征的影响，处于不同行业周期和所属行业的不同，持有资产的存续状态有较大差异。行业的周期性和管制性是影响企业资产处置的最主要原因。

## 二、机会主义动因

在现代企业制度下，委托代理关系普遍存在，所有者与管理层的目标不一致成为管理层实施盈余管理行为的动因。同时，信息不对称、管理层的信息优势为其实施盈余管理提供了便利条件。企业处置资产有可能是为了提高资产配置，也有可能基于管理层的机会主义动因，满足其调节盈余、实现契约要求的手段。资产处置是指企业将其拥有的长期资产或长期投资有偿转让给第三方，由此获取现金或投资收益的行为，管理层会通过选择资产处置时点来操纵盈余，调节利润达到预期水平。内外部治理水平是影响实施盈余管理行为的最直接因素，为此，有必要分析扭亏为盈和向下平滑动机，并进一步分析内外部治理机制的调节效应。

（一）扭亏为盈动机和平滑利润动机

1. 扭亏为盈动机。Bartov（1993）认为管理层能够选择长期资产出售的时间，以控制某个特定时间所确认的长期资产处置损益，达到平滑盈余和减轻债务契约的目的。Bala G. Dharan 和 Baruch. Lev（1993）的研究表明：当企业陷入财务困境时，高达 73% 的企业企图通过资产处置，而不是变更会计方法来阻止报告收益的恶化。Herrmann 等（2003）利用日本上市公司数据，调查了销售固定资产收入与管理层盈余预测偏误（即报告盈余与管理层预测的差距）之间的关系。研究发现，管理层会利用销售固定资产收入或转让股票投资来缩小报告盈余与管理层盈余预测的差距。Graham（2005）等通过对美国 401 位高管的问卷调查和访谈，发现 78% 的高管人员为实现当期平滑盈余，会通过真实活动操控来达到盈余目标。与上述结论不同的有：Black 等（1998）利用跨国数据样本（新西兰、英国和澳大利亚）检测了公司长期资产销售收益（或损失）与当期税前盈余变更的关系，并无证据证明公司中存在通过销售资产操控盈余的情况。可能的原因是这些国家属于英美法系，相对于不允许重新评估长期资产账面价值的国家，会计准则允许对长期资产的账面价值进行重新评价的国家中，使用销售资产来平滑盈余的行为不显著。Gunny

（2010）分别检验了费用操控、销售操控、生产操控和销售资产与真实盈余管理的关系，发现并不存在以出售资产为手段的真实盈余管理活动。

白云霞等（2005）发现，业绩低于阈值的控制权转移公司，会通过资产处置而使公司报告业绩高于阈值。李补喜和赵琳琳（2010）的研究认为资产出售已经成为上市公司盈余管理的手段之一。李享（2009）认为，资产减值与资产处置交易配合使用，如果下一年度有处置长期资产的计划，当年会超额计提减值准备，下一年度能否扭亏与是否处置资产正相关。王福胜等（2013）认为管理层有选择处置资产和安排处置时间的自主权，资产处置表现为收益或损失因上市公司利润的下滑或上升而不同。

叶建芳（2009）以交易性金融资产和可供出售金融资产为研究对象，为避免利润下滑，管理层将违背最初的持有意图，将可供出售的金融资产在短期内处置。王珏（2012）以投资收益项目为切入点。实证研究发现，主营业务业绩下滑、成长性较弱的公司以及业绩下滑的公司，倾向于有选择性地出售金融资产取得投资收益，其目标为实现扭亏为盈或平滑利润。张国源（2012）发现金融危机发生的前两年，上市商业银行的年度财务报告中，将原计入资本公积的大量未实现损益转入当期利润。进一步分析发现，我国银行持有数额巨大的可供出售金融资产，其处置收益会对当期利润产生很大的影响，银行通过有选择地处置可供出售金融资产可以达到调节利润的目的。在金融危机期间，商业银行操控处置可供出售金融资产时机，因此，会计业绩没有呈现较大的波动。周冬华和赵玉洁（2014）认为，可供出售金融资产公允价值变动损益在其持有和处置时分别计入资产负债表和利润表，使其成为上市公司从事盈余管理借用的天然工具，上市公司会利用可供出售金融资产的处置时机来从事扭亏和大清洗等盈余管理行为。公司治理机制对通过处置可供出售金融资产调节利润的行为具有显著的抑制作用。

国内文献较少单独对基于资产处置的盈余管理进行研究，更多的是将其作为非经常性损益的组成部分。魏涛等（2007）认为无论是亏损公司还是盈利公司，都经常运用非经常损益进行盈余管理，通过对非经常性损益的分项数据检验，发现处置资产是上市公司盈余管理的主要手段。马静和孙海凤（2011）发现非经常性损益仍然是大多数 ST 公司调节净利润的重要手段，政府补贴、资产出售和债务重组依然是 ST 公司实现扭亏为盈的重要手段。张宇晟（2011）认为非经常损益项目中，非流动资产处置损益出现频率最高，对非经常损益总额的影响、净利润的贡献程度在非经常损益包括的所有项目中位居第二。叶海平（2011）运用案件研究方法分析了 ST 公司为避免被暂停上市或终止上市，利用债务重组损益、计提各项资产减值准备和利用资产置换进行盈余管理的行为。林钟高和肖亭（2012）统计了 ST 和 PT 公司非流动资产处置损益、债务重组、公允价值投资收益等非经常损益的具体项目的发生频率及发生金额，以及对净利润的影响。实证结果表明，为了保住稀缺的壳资源，以上的具体项目成为这类公司盈余管理的工具。

2. 向下平滑利润动机。Bartov（1993）提出，由于管理层能够选择长期资产出售的时间，以控制某个特定时间所确认的长期资产处置损益，达到平滑盈余和减轻债务契约的压力。研究同时发现，公司会改变投资长期资产的活动，以减轻债务契约压力。Cheng（2004）研究证明，临近退休的财务总监为获得更高的奖薪，会人为地减少研发费用。Hall（1993）采用石油冶炼行业样本，研究发现：当油价上涨，企业盈利能力增强时，管理层会实施向下平滑利润的盈余管理，减少公众关注度、降低政治成本；当油价下跌时，管理层又会采取增加盈余的措施。Jones（1991）对美国申请进口补贴的公司进行调查发现，为获得进口补贴，管理层会通过递延收益降低当年盈余。李增福和郑友环（2010）和李增福等（2011）研究了基于避税动因实施真实活动操控的盈余。文献中的真实盈余管理的手段都没有涉及资产处置。

（二）内部治理机制的调节效应分析

国外文献关于公司内部治理机制与真实盈余管理关系的研究主要从以下四个方面展开：

1. 董事会特征与真实盈余管理。国外现有文献分别从独立董事（Osma，2008）、企业内部董事（Katherine A. Gunny，2010）、董事会规模和独立董事比例（Kang 和 Kim，2012）、董事会以及反收购保护等方面研究了董事会特征与真实盈余管理之间的关系。国内现有文献从董事会规模、董事会会议次数、董事会结构、独立董事比例以及董事会持股等方面研究了董事会特征与真实盈余管理的关系（金玉娜，2013；季敏和金贞姬，2013）。

2. 股权结构与真实盈余管理。现有文献分别从第一大股东持股比例（姜英兵和王清莹，2011）、股权制衡（林芳和许慧，2012）、产权性质（顾鸣润等，2012）和控股股东性质（周娟，2013）等方面研究了股权结构与真实盈余管理程度的关系。

3. 监事会特征与真实盈余管理。国外现有文献分别从审计委员会成员的财务会计知识（Carcello et al.，2008）、审计委员会的独立性、审计委员会的规模以及审计委员会的开会次数（Visvanathan，2008）、独立审计委员会的有效性（Jerry Sun 和 George Lan，2014）等方面研究了董事会特征与真实盈余管理的关系。国内现有文献从监事会规模（张志花等，2010）、监事会开会次数（龙小海和谢双双，2011）等方面研究了董事会特征与真实盈余管理的关系。

4. 管理层激励与真实盈余管理。国内现有文献从管理层变更（金莲花等，2010）、管理层权力（林芳和冯丽丽，2012）等方面研究了管理层激励与真实盈余管理的关系。

（三）外部治理机制的调节效应分析

国外文献关于公司外部治理机制与真实盈余管理关系的研究主要从以下三个方面展开：

1. 产品市场竞争与真实盈余管理。申景奇和伊志宏（2010）考察了产品市场竞争、机构投资者和盈余管理的关系，认为产品市场竞争与机构投资者能够有效抑制盈余管理，产品市场竞争差异影响机构投资者治理机制的发挥。周夏飞和周强龙（2014）考察了产品市场势力和行业竞争对公司盈余管理活动强度的影响。研究发现：产品市场势力越强，应计盈余管理与真实活动盈余管理的水平越低；产品市场势力对正向和负向盈余管理影响的方向是一致的。潘前进（2016）研究发现行业内产品竞争程度有利于降低公司真实盈余管理程度。张欢（2014）考察了在金融危机背景下，产品竞争力对应计和真实盈余管理的调节效应。

2. 分析师跟踪与真实盈余管理。于忠泊等（2011）从外部治理的视角研究发现分析师和机构投资者能有效地制约盈余管理行为。李春涛等（2014）认为在声誉较高的上市公司中，分析师显著地降低了盈余管理的规模和报告微利的概率。李晓玲等（2012）认为分析师关注对正向盈余管理有显著抑制作用，对负向盈余管理影响不显著。谢震和熊金武（2014）得出与上述文献相反的结论：公司的盈余管理水平与分析师关注显著正相关，分析师关注对盈余管理既是约束机制，也是配合机制，从总体而言，配合机制的影响超过了约束机制。

3. 机构投资者与真实盈余管理。袁知柱等（2014）研究了机构投资者持股对应计盈余管理和真实盈余管理行为及其替代选择的影响。机构投资者治理能显著抑制真实盈余管理，但会导致公司管理层转向操纵应计项目实现盈余管理目标。李增福等（2013）认为在一定程度上，机构投资者能抑制真实盈余管理行为，但该抑制作用在非国有公司中更为显著。与之不同，俞震等（2010）认为机构投资者持股的治理能力有限，对公司采用线上项目实施的盈余管理不仅没有监督作用，反而促进了盈余管理的程度，对采用线下项目实施的盈余管理，仅在机构投资者增持组中监督效果明显。唐洋等（2011）支持该结论，认为机构投资者持股对正向、负向盈余管理都没有治理作用。

尽管上述关于内外部治理机制与真实盈余管理的文献都没有涉及以资产处置为手段的真实盈余管理，但是上述研究较为全面地讨论了公司内外部治理机制与真实盈余管理的关系，并取得了丰富的研究成果，对研究资产处置的真实盈余管理具有重要的借鉴意义。



## 第四节　企业资产处置的经济后果

该部分主要从三方面回顾企业资产处置的经济后果，基于公司价值最大化动因导致的资产配置效率最优；基于管理层利益最大化动因导致真实盈余管理行为的发生，影响未来经营业绩和企业价值；无论何种动因，处置资产而产生的损益都具有价值相关性。

## 一、企业资产处置对资产配置效率的影响

目前学术界针对资产出售的财富效应，提出了以下三种理论假说：(1) 有效配置假说。资产出售是为了将资产配置到最佳用途，从而提高效率，出售方获得收益，增进股东财富。(2) 集中经营假说。资产之所以出售是为了提高企业的经营集中度，纠正多元化的错误策略。(3) 融资假说。债务和权益融资都存在较高的代理成本，出售资产是一种融资成本相对较低的来源，可缓解管理层与股东的代理冲突，引起市场的积极反应。

Alexander 等（1984）、Hite 等（1987）认为将资产剥离给其他的企业，是为了更好地配置该资产，从出售方来看，其获得的利益可能来自代理问题的纠正或除掉了那些导致负协同效应的资产。John 等（1992）、Kaplan 和 Weisbach（1992）、Comment 和 Jarrell（1995）、Lang 和 Stulz（1994）、Desai 和 Jain（1999）、Mulherin 和 Boone（2000）等认为资产剥离或出售通常是为了提高企业对核心业务的关注，将与企业核心业务无关的资产分离出来，从而增加企业的专业化程度，获得竞争力的提升。



唐莉（2004）利用事件研究法对重大资产出售公告前后的财富效应进行研究，认为资产出售可以使公司财务状况和未来经营业绩得以改善。安灵等（2007）以信号理论作为研究起点，认为出售资产提高经营集中度，改善了资产结构，符合“有效配置假说”，出售资产的财富效应有较大的负面影响。严武和王辉（2010）认为资产出售的公告效应与企业成长性、资产出售相对规模、资产出售前后资产配置效率的变动正相关，资产出售更加符合有效配置假说。陈玉罡等（2006）以发生剥离的上市公司为研究样本，发现公司通过剥离资产，提升了资本利用效率、创利能力和创收能力。陈玉罡和李善民（2007）研究提高

经济附加值（EVA）是资产剥离后公司提升价值的主要来源。黄炜婷（2013）通过对比出售资产和资产置换企业的业绩，认为企业正常融资能力有限，出售资产背后的真实意图应是筹集企业急需的运营资金。

目前关于资产处置的经济后果，国内的研究并未得出一致的结论，无论是基于“有效配置假说”还是“集中经营假说”，资产处置的后果都是为了资产的有效配置，从而创造企业价值。

## 二、企业资产处置对未来经营业绩和企业价值的影响

Zeff（1978）将经济后果定义为：会计报告对企业的管理层、投资者、债权人、政府和工会决策行为的影响，即对管理层及其他利益相关者的影响。William（2000）认为，经济后果是指会计政策的选择会影响企业的价值。经济后果表现在会计信息与会计政策的产生对投资者与公司价值的影响上。

Graham（2005）通过对 CEO 和 CFO 的问卷调查，得出结论：为了达到盈余目标，即使牺牲公司长期价值，管理层也会实施操纵实际业务活动的盈余管理。Gunny（2005）研究了以压缩研发、销售和管理等费用，降价促销，销售长期资产等为手段的真实盈余管理的经济后果，结果表明实施真实盈余管理会导致未来的经营业绩显著下降。Cohen 等（2010）研究了公司股权再融资过程中实施的操控实际活动的盈余管理行为，相对于应计盈余管理，操控实际活动的公司，其经营绩效下降得更为显著。与以上结论不同的文献有：Xu 和 Yaylor（2007）检验了为了迎合分析师预期，真实盈余管理对未来业绩的影响，结果表明偶尔发生的、调节程度适中的真实盈余管理不会显著影响未来经营绩效。Gunny（2010）分别检验了基于生产操纵、销售操纵、费用操纵和长期资产处置的真实盈余管理。结果表明，不存在长期资产处

置的真实盈余管理行为。在进一步检验基于前三种手段真实盈余管理的经济后果时发现适当的盈余管理会给企业带来良好声誉，并不一定对未来经营业绩有负面影响。

国内学者李彬、张俊瑞分别检验了销售操控、生产操控、费用操控对未来三期经营业绩的影响，得出真实盈余管理行为是以牺牲公司未来经营能力为代价的（李彬和张俊瑞，2009；李彬和张俊瑞，2010）。张子余和张天西（2011）认为企业的过度“真实销售操控”行为是在年末第四季度发生，公司运用更多“激进收入确认”会对下一期“经营业绩增长变化”产生负面影响。王福胜等（2014）认为应计与真实盈余管理都会对公司未来经营业绩产生负面影响，且应计盈余管理对公司短期经营业绩的负面影响更大，真实盈余管理对公司长期经营业绩的负面影响更为显著。

### 三、资产处置损益信息的价值相关性

Ball 和 Brown（1968）最早对会计盈余的有用性进行了讨论和检验，开启了会计信息与资本市场实证研究的序幕。最早使用“价值相关性”这一术语的是 Amir et al.（1993）的研究，Barth（1998）、Ohlson（1999）和 Beaver（2000）对价值相关性做出了共同的界定：会计数字与权益市值存在显著相关性，那么会计数字就具有价值相关性，本书主要研究利润表中资产处置损益项目及其披露方式的价值相关性。

（一）会计信息的价值相关性分析

Barth（1998）、Ohlson（1999）和 Beaver（2000）认为会计数字与权益市值存在显著相关性，那么会计数字就具有价值相关性。Barth et al.（2001）批判了 Holthausen 和 Watts（2001）关于价值相关性研究不能或者很少为财务会计准则制定提供帮助的

观点，厘清了文中对价值相关性研究的六个明显误解，得出一个关键的结论，即价值相关性研究为财务会计准则制定提供了富有成效的深入见解。会计信息作为上市公司和外部利益相关者进行交流的重要渠道之一，主要通过三方面影响资本市场的效率：一是帮助管理层或者投资者甄别投资项目的优劣；二是缓解公司管理层和外部利益相关者之间的信息不对称程度；三是有效约束管理层的行为，提高公司治理效率。

国内外关于价值相关性的实证研究方法多采用相对相关性研究，即基于不同国家会计准则制度的比较、本国会计准则制度与国际会计准则（或美国 GAAP）的比较以及同一准则下不同年份的比较。Bartov 等（2005）以德国上市公司为研究样本，分别比较了采用德国 GAAP、美国 GAAP 和国际会计准则（IAS）的盈余信息价值相关性。Barth 等（2008）选取 1994 ~ 2003 年来自 23 个国家的上市公司为样本，将其划分为采用 IAS 和没有采用 IAS 两个类别。研究发现，采用 IAS 的盈余质量更高，价值相关性更强。中国会计准则国际化的价值相关性研究成果丰硕，薛爽等（2008）、张然和张会丽（2008）、谭洪涛和蔡春（2009）以及陆正飞和张会丽（2009）等都认为新会计准则增强了盈余价值相关性。

价值相关性的实证研究也可以采用增量相关性的研究方法。针对盈余构成项目相关性的研究日趋增多。众所周知，盈余总额由营业利润、其他业务利润、投资收益、营业外收支净额及补贴收入等组成。对于上市公司的盈利质量构成与企业价值的关系研究，现有文献研究得出一致结论：主营业务利润比重的高低与企业的价值存在正相关关系（蒋义宏和魏刚，2001；赵宇龙和王志台，1998）。王鑫（2013）实证研究了其他综合收益具体项目和综合收益总额的价值相关性。研究发现，综合收益总额对股票价格和股票年度收益率的解释能力强于净利润指标，比净利润具有更高的价值相关性。程柯和程立（2012）、李增福等（2013）分别检验了公允价值变动损益、资产减值损失和证券投资收益的价值相关性。

（二）资产处置损益项目的价值相关性分析

Barth（1990）以美国银行业为研究样本，将其损益分解为营业利益和出售证券利益，结果显示营业利益对股价有影响，而出售证券利益对股价的影响并不显著，扣除“证券投资利得与损失”项目后，公司损益与股票报酬率之间的关联度更高，原因在于投资人有能力区分营业利益和出售证券利益，两者的损益持续性有所不同。Chen S. M 和 Wang Y. T（2004）认为营业利润与线下项目均具有价值相关性，且后者的回归系数显著大于前者，这与两者的持续性相矛盾，也表明线下项目能够持续到未来，并且具有预测价值。Gunny（2010）基于特定的盈余管理动机，具体分析了非正常的长期资产处置收益（如处置固定资产、转让无形资产、出售某项股权投资）的价值相关性。



吴战篪等（2009）认为证券投资收益具有价值相关性，但不具有及时性；采用公允价值变动确认损益的方式提高了会计信息的相关性。叶建芳（2013）利用 2007 ~ 2010 年 A 股上市公司数据实证检验了非经常性损益的价值相关性，结果发现：非流动资产处置损益的价值相关性高于其他经常性损益的价值相关性，建议将经常发生但不属于正常的业务作为独立的项目在利润表中列示，减少营业外收入/支出包含的项目，提高利润表的信息含量。崔海红（2015）以 2007 ~ 2012 年中国沪深两市 A 股上市公司为样本，手工统计了营业外收入/支出、投资收益等项目中所包含的资产处置损益信息，通过实证检验，得出非流动资产处置损益、长期股权投资处置损益和金融资产处置损益及三项资产处置损益总额均具有价值相关性，且非流动资产处置损益的价值相关性最为显著。

（三）资产处置损益列报方式的价值相关性分析

Gu 和 Chen（2004）检验了非经常性项目在财务报告表外披露或报表披露中的不同情形，研究得出，在财务报表内披露的非经常性项目比表外披露的非经常性项目更具持续性，具有更高的预测价值。李增福等（2013）认为在 2006 年出台的会计准则中，利润表新增项目金融资产公允价值变动需要在不同的位置披露，认为不同的披露位置会带来不同的市场反应。刘斌和鲍夏梦（2010）认为交易性金融资产和可供出售金融资产的公允价值变动损益的披露不同，计入利润表的公允价值变动损益比计入权益的公允价值变动损益得到投资者更多的关注。张金若等（2013）讨论了利润表中“公允价值变动损益”项目的确认及其“转回”特征，认为在直接利用利润表的“公允价值变动损益”数据进行的实证研究中导致了错误结论，并重申了实证研究应注重会计信息生成过程对设计研究变量的重要性。徐经长和曾雪云（2013）认为可供出售金融资产的未实现损益在利润表的“其他综合收益”列报时具有增量价值相关性，在股东权益变动表列报时有较弱的价值相关性。

## 第五节　研究成果评价与启示

综观于本书具有借鉴意义的已有研究成果，在以下三个方面还显得不足或亟待强化。

## 一、非机会主义动因的经济后果——资产配置效率

现有文献少有考察资产处置的经济后果，仅有的几篇文献均采用事件研究方法来考察重大资产处置公告后的市场反应，其研究缺陷在于：涉及样本较少，且样本选取具有一定的主观性。目前，就单个上市公司而言，资产处置行为日趋频繁，资产处置损益对净利润的影响较大，因此有必要采用大样本数据，探究上市公司的资产处置行为背后的动因及其经济后果。

## 二、机会主义动因的经济后果——未来经营业绩和企业价值

现有文献中基于真实盈余管理的经济后果的相关研究较少，国内主要考察了基于经营活动的真实盈余管理的经济后果，基于资产处置的真实盈余管理的经济后果研究文献更少，同时真实盈余管理的经济后果对信息质量、企业价值的研究也较少，是未来研究方向之一。综合国内外研究文献，真实盈余管理是未来研究的热点之一，从现有的研究文献来看，该研究较为分散，缺乏系统性和科学性。本书的研究主要关注以下三方面：

首先，真实盈余管理手段。现实中，资产处置的发生频率及处置金额已经成为真实盈余管理不可忽视的手段之一。国内大部分文献考察了销售操控、费用操控和生产操控三种手段实施的真实盈余管理行为，本书的文献以资产处置为中心，研究资产处置实施的真实盈余管理行为。现有文献数量较少，缺乏系统性和全面性，究其原因在于国内资产处置损益会计信息的列报缺乏一致性，销售长期资产和金融资产的会计数据无法直接取得，现有估计异常资产处置损益的实证模型无法实现。

其次，真实盈余管理动机。国外文献关于是否存在以资产处置为手段的真实盈余管理存在分歧。国内现有文献中，出现了

“扎堆”现象，主要是针对资本市场动机（保盈、保增长、扭亏和配股等）。国内较少文献涉及管理层契约、债务契约和政治监管，结合中国特殊的制度环境和会计准则，研究真实盈余管理动机，有利于进一步完善资产处置的信息披露，遏制真实盈余管理行为。

最后，内外部治理对盈余管理的影响。国外的文献主要集中在董事会特征、监事会特征对真实盈余管理的影响，国内文献主要集中在股权结构与董事会特征对真实盈余管理的影响，少有文献研究基于资产处置的真实盈余管理与公司治理之间的关系。在今后的研究中，应该进一步拓展真实盈余管理研究的空间，加强公司治理机制对真实盈余管理的遏制作用、审计质量及审计师对真实盈余管理的监管和识别的研究。

## 三、资产处置损益信息的价值相关性

现行利润表中的利润总额由营业利润和营业外收支净额组成，营业利润中新增了资产减值损失、公允价值变动收益和投资收益三个项目。利润表中净利润、每股收益及资产减值损失具有价值相关性。现有文献表明，2006 年企业会计准则的实施提高了利润表的价值相关性。关于公允价值计量属性能否增强金融资产的价值相关性的研究目前仍存在分歧，有学者认为以公允价值计量的金融资产增强了会计数据的解释能力，也有学者认为交易性金融资产和可供出售金融资产的公允价值变动并不能增强会计信息的解释能力，认为公允价值计量可靠性不高时，交易性金融资产和可供出售金融资产公允价值变动就不能显示出决策相关性的作用。以公允价值计量的资产，如金融资产、投资性房地产等，对于其处置时产生的损益是否具有价值相关性，仅有少量文献关注。

国外近年来的文献认为，非经常项目损益与正常项目损益持续性不同，但非经常项目损益也具备价值相关性；非经常项目损益的列报方式不同，对非经常损益项目的价值相关性有显著影响。国内目前有少量文献考察资产处置损益的价值相关性，且缺乏系统性和全面性。本书全面考察计入营业外收支、投资收益的资产处置损益的价值相关性和公允价值计量属性对资产处置损益价值相关性的影响，为资产处置损益的统一列报提供经验证据，增加资产处置损益会计信息的信息含量，为监管部门加强监管提供建议。

## 本章小结

企业处于不完全竞争的市场环境中，唯有保持竞争优势才能立于不败之地。由竞争理论演化而来的企业资源理论为全文的理论基石，资源的合理配置是企业保持竞争优势的关键。前景理论刻画了管理层处置资产的决策过程。现代企业制度的建立，所有权和代理权的分离，代理人与委托人之间的利益目标的差异，导致资产处置的动因大相径庭。代理人之所以能采取机会主义行为，主要是因为代理人掌握信息优势。无论代理人基于何种动因，资产处置产生的损益的披露都可能引起股票价格和股票收益率的变动。因此，企业资源理论、前景理论、委托代理理论和信息不对称理论构成全文的理论基础。

通过对企业处置资产动因和经济后果的文献回顾，现有文献中对企业资产处置的动因研究较少，且缺乏系统性，也没有统一的研究结论。先前研究文献较多关注重大资产重组后的经济后果，随着公允价值计量的普及，企业中资产类别较为丰富，资产的处置较为频繁，因此，采用大样本数据分析资产处置的经济后果具有较强的理论和现实意义。

# 第二章 企业资产处置的现状分析

在经济环境国际化，资本市场复杂化和企业经营多元化的背景下，处置资产成为企业日常经营活动中常见的行为之一，处置资产产生的损益是非经常性损益的主要组成部分，已经成为衡量上市公司盈利能力的重要指标。资产处置有利于资产配置效率的提高，也有可能成为管理层调节盈余的手段。本章主要分析现行会计准则对资产处置损益的确认、计量和披露现状，剖析资产处置会计处理中存在的问题，并统计了资产处置损益总额对净利润和非经常性损益的影响，进一步分资产类别、分行业以及分产权性质考察资产处置损益对净利润和非经常性损益的影响。

## 第一节　企业资产处置的会计问题

对单个上市公司而言，资产处置行为发生

频率之高，以及由此产生的资产处置损益金额之大，已经成为上市公司生产经营活动中不容忽视的组成部分。现行会计准则没有对资产处置损益的确认、计量和报告加以统一的规范，相关规定分散于各个具体准则中，资产处置损益有些计入营业利润，有些计入营业外收支，资产处置的会计处理存在内在逻辑不一致的现象。

## 一、资产的相关概念

资产是最核心的会计要素，“资产”概念是会计理论体系中最基本、最重要的概念。有关资产概念的争论由来已久，众说纷纭，大体上有四种观点：成本观、未来经济利益观、权利观和经济资源观。“成本观”的概念为计量而定义，是对资产计量形式的表述，未能涉及资产的实质。获取未来经济利益是企业持有资产的目的，但资产并非未来经济利益，且未来经济利益的观点与历史成本、公允价值和可变现净值等多个资产计量属性存在矛盾和冲突。“权利观”的概念强调资产的归属问题，而不是资产本身，而会计更多关注资产的自然属性和价值体现，该观点也存在无法计量资产的问题。美国财务会计准则委员会（Financial Accounting Standards Board，FASB）和国际会计准则委员会（International Accounting Standards Board，IASB）基于经济资源观，将资产定义为“主体对其拥有排他的权利或其他权益的现时经济资源”，将资产定义为经济资源，比较具体、清楚地将资产描述为一种有形或无形的“物”，克服了“未来经济利益”或者“权利观”这种抽象、模糊的认识。经济资源具有稀缺性，该观点与经济学对资产的认识一致。经济学中“资产”是指有用的、稀缺的、具有产权归属的资源。本书赞同唐国平（2012）关于资产的观点，认为资产的本质是具有创利能力的资源，持有资产的目的与企业存在的目的一致，企业的基本目的是盈利，那么持有资产就是为了在经营过程中实现盈利。

与资产相关的概念，还有资本和资源。在本书中“资产”和“资本”可以比较明确地区分开来。资产是现时经济资源，与马克思将资本定义为“能带来剩余价值的价值”是一致的。资本是指通过人类劳动力生产出来的，具有价值增值过程的资产。资产与资本是同一事物的两个方面，资本的实物形态是资产，资产的价值形态是资本；资产表现为具体的“物”，而资本则表现具体的“物”所蕴含的价值。从会计学角度来看，资产是企业可利用或控制的、能为企业带来经济利益的资产和能力的集合；资产本身就是资源的组成部分，经济资源的增值性则表明它能带来剩余价值；资产具有资源应有的特征和属性，因此适合“资源”的相关理论，同样适合“资产”。

正是由于资产具有价值，处置资产有可能导致资产形态的改变。本书的资产处置行为主要包括资产出售、转让、毁损和报废等行为。资产处置指企业将其所拥有的子公司、经营部门或其他固定资产的所有权有偿让渡给第三方，以获取现金或有价证券的行为（Kaplan and Wiesbach，1992）。资产处置是企业进行业务结构调整，改变资产存续状态的手段之一。本书所研究的“资产”主要指固定资产、无形资产、长期股权投资和金融资产中的非流动资产。上述资产处置损益数据的取得能够从利润表和附注信息中汇总整理而得到。因为较少发生流动资产处置的活动，且涉及金额较小，对净利润并无影响，所以不将流动资产的处置作为研究对象。本书所指的资产也不包括企业的人力资产等无法计量的资产。

## 二、资产处置损益的确认

FASB 将“确认”定义为“将某一项目，作为一项资产、负债、营业收入或费用等列入某一会计主体的财务报表的过程”，对某一项目的表述可以同时使用文字和数字，其金额包括在财务报表的合计数中。FASB 确定了“确认”的原则：可计量性、可定义性、相关性和可靠性。IASB 将“确认”定义为“将符合要素的定义，并满足确认标准的某一项目列入资产负债表和收益表的过程”。如果与该项目有关的任何未来经济利益极有可能流入或流出企业，且该项目的成本或价值能够可靠地被计量，这一项目就应予以确认。我国《企业会计准则——基本准则》中并没有给出“确认”的准确概念，而是制定了“确认”的标准。为了实现与国际会计准则的趋同，我国“确认”的标准与其类似，而 FASB 同时强调业务的相关性和可靠性。

现行企业会计准则第 4 号、第 6 号、第 2 号和第 3 号分别规定，企业出售、转让、报废和毁损的固定资产或出售无形资产，应当将处置收入扣除账面价值和相关税费后的金额计入当期损益；处置长期股权投资，其账面价值与实际收到价款的差额，应当计入当期损益；金融资产多采用公允价值计量模式处置金融资产，以账面价值与实际收到价款的差额计入当期损益；企业出售、转让、报废投资性房地产或者发生投资性房地产毁损，应当将处置收入扣除其账面价值和相关税费后的金额计入当期损益。

资产处置的主要方式包括出售、转让、报废、毁损以及非货币性资产交换、债务重组等。具体而言，资产处置损益的会计处理主要涉及其他业务收入/支出、投资收益、营业外收入/支出等科目，如表 2 - 1 所示。涉及的资产处置损益有些作为线上项目，比如投资收益；有些作为线下项目，比如营业外收入/支出。也就是说，资产处置损益可以作为日常经营活动产生的损益计入营业利润，也可以作为与日常活动无关的项目在线下披露。具体而言，投资性资产（包括各类金融资产和长期股权投资）的处置损益计入投资收益科目，投资性房地产的处置损益计入其他业务收入/支出，固定资产和无形资产处置损益计入营业外收入/支出科目。

**表 2－1　　　　资产处置损益确认对比表**

| 资产类别 | 处置损失 | 处置收益 |
|---|---|---|
| 可供出售金融资产 | 投资收益 | 投资收益 |
| 持有至到期投资 | 投资收益 | 投资收益 |
| 长期股权投资 | 投资收益 | 投资收益 |
| 投资性房地产 | 投资收益 | 投资收益 |
| 投资性房地产 | 营业外支出 | 营业外收入 |
| 固定资产 | 资产处置收益 | 资产处置收益 |
| 无形资产 | 资产处置收益 | 资产处置收益 |



## 三、资产处置损益的计量

会计计量所解决的具体工作，实质上就是金额的确定（或称会计估值）问题。FASB 将“计量”定义为“一个项目只要符合确认的标准，就应以货币单位做出充分可靠的计量，并将它们记录在财务报表中”。FASB 对计量单位和计量属性的采用，运用了描述当前实务而非规范当前实务的方法，列举了历史成本、现行成本或重置成本、可变现净值和现值等计量属性，赞成不同计量属性同时使用，但更明显倾向于推广公允价值这一计量属性。IASB 认为“计量”是“为了在资产负债表和收益表内确认和列报财务报表的要素而确定其货币金额的过程”。计量基础主要包括历史成本、现行成本、可变现净值和现值。企业编制财务报表时最常用的计量基础是历史成本，可采用现行成本基础来弥补历史成本的不足。

在《中国会计百科全书》[①] 中，余秉坚等（1999）对会计计量的定义则是“用货币或其他度量单位计量各项经济业务和结果的过程。会计计量是会计系统的核心职能（葛家澍和徐跃，2006）。我国采用与 IASB 趋同的计量方法，由于多种计量属性的可选择性，而我们每个人（即使是专家）对各种会计计量属性的判断是不同的，现阶段还缺乏一个系统的方法可以对各种计量属性之间的差别进行评价或者协调，历史成本计量属性自会计诞生的那一天开始，一直在会计计量中占主导地位，曾经被认为是“企业会计最合乎逻辑的基础”，是所有计量属性中最具可靠性，而公允价值计量更具决策相关性的。

金融资产和长期股权投资较多采用了公允价值计量模式，但大多数经营性资产仍旧采用成本计量模式。各类资产处置损益的确认方式存在较大差异。资产处置所涉及的利得和损失，投资性房地产的处置损益计入“其他业务收入/支出”。2014 年新修订和发布的《企业会计准则和应用指南》中规定将以成本计量的投资性房地产处置损益计入“营业外收入/支出”，将以公允价值计量的投资性房地产处置损益计入“投资收益”；将长期股权投资及金融资产的处置损益计入“投资收益”，将固定资产和无形资产的处置损益计入“营业外收入/支出”等科目。资产处置损益可以作为日常经营活动产生的损益计入营业利润，也可以作为与日常活动无关的项目在线下披露。

① 余秉坚：《中国会计百科全书》，辽宁人民出版社 1999 年版。

## 四、资产处置损益的报告

2001 年 8 月，美国 FASB 发布的《长期资产减值或处置的会计处理》（简称 FAS144）要求企业单独列报持有以备出售的长期资产和负债，并在附注中列示其类别，同时在利润表和现金流量表中区别终止持续经营和终止经营业务。2005 年 1 月 1 日，《国际财务会计报告第 5 号公告》中指出，企业应该在利润表中单独列示终止经营业务。2008 年，IASB 在征求意见稿中提出了修改终止经营的定义，并要求将企业终止经营中已被处置或划分为持有以备出售的部分单独列报。

资产处置损益的会计信息报告方式不同，有些资产处置的会计信息直接在会计报表中列示，比如固定资产和无形资产的处置损益在利润表中的“营业外支出”下单独列示了“非流动资产处置损失”，在会计报表附注“营业外收入/支出”项目中分别披露了固定资产和无形资产处置利得和损失。需要注意的是，该“非流动资产”并没有包括所有非流动资产，仅指固定资产和无形资产，并不包括长期股权投资、持有至到期投资、可供出售金融资产和投资性房地产等。长期股权投资和各类金融资产的处置损益不在利润表中单独披露，而是和各项金融资产的持有收益和长期股权投资的投资收益混合计入“投资收益”项目，但是在会计报表附注“投资收益”项目中有比较详细的披露。虽然《企业会计准则第 3 号——投资性房地产》中明确规定企业应当在附注中披露当期处置的投资性房地产及其对损益的影响，但是现实中多数上市公司的年报中查询不到投资性房地产处置损益的信息。因此，资产处置的会计处理存在内在逻辑不一致的现象，资产处置损益的披露缺乏一致性。

2014 年新修订的《企业会计准则第 30 号——财务报表列

报》要求在资产负债表中明确列示“被划分为持有待售的非流动资产及被划分为持有待售的处置组中的资产”，在附注信息中披露“已被企业处置或被企业划归为持有待售”的组成部分(或非流动资产)，同时在新的财务报表列报准则中，明确规定“性质或功能不同的项目，单独列报可以合并披露”。从《财务报表列报准则》修订的角度可以看出，资产处置的会计处理日趋受到理论界和实务界的重视。

2017 年 12 月 25 日，财政部针对 2017 年实施的《企业会计准则 42 号——持有待售的非流动资产、处置组和终止经营》，为解决企业在财务报告编制中的实际问题，规范企业财务报表列报，提高会计信息质量，对一般企业财务报表格式进行了修订。在利润表中将营业外收入和支出项目“瘦身”，增加了“资产处置收益”项目，反映企业出售划分为持有待售的非流动资产(金融工具、长期股权投资和投资性房地产除外)或处置组时确认的处置利得或损失，以及处置未划分为持有待售的固定资产、在建工程、生产性生物资产及无形资产而产生的处置利得或损失。债务重组中因处置非流动资产产生的利得或损失和非货币性资产交换产生的利得或损失也包括在本项目内。

企业发生资产处置行为后，应当向外界报告有关资产处置的信息，以满足报告信息使用者的需要。资产处置应报告以下具体内容：处置资产的具体原因；准备处置的资产名称、账面价值、公允价值、预计处置费用和处置时间；资产处置产生的利得和损失及其对当期损益的影响；管理者对资产处置的态度等。

# 第二节　现行企业资产处置会计处理面临的挑战

现行资产处置损益的会计处理存在内在逻辑不一致的问题，所提供会计信息质量有待于提高。具体而言，主要对监管部门审核信息、企业自身提供信息和利益相关者甄别信息带来一定的困惑。

## 一、监管部门的信息审核

我国目前没有设置专门的科目对非经常性损益进行核算，现行利润表上也没有非经常性损益这个项目，只是在其所包含项目发生时计入各个相关的科目，如营业外收入/支出、投资收益等科目。期末，根据中国证监会对非经常性损益披露的具体要求，从相关科目中提取有关信息重新计算，将其独立出来，该信息生成模式不能保证非经常损益项目披露的准确性和客观性。就非经常性损益列举的第 14 项内容而言，金融资产的持有损益与处置损益合并披露，审计师在审计过程中应当有意识地将金融资产的持有损益与处置损益分开，防止利用两种损益范围的混淆，虚计监管利润（崔文迁和陈敏，2010）。因“非经常性损益”信息的生成存在较强的主观性，监管部门存在监管盲区。

## 二、企业自身的信息披露

盈利能力是报表使用者最为关注的指标，经营活动产生的收益是判断企业经营成果质量的重要依据。现实中大量非经营收益的存在，扰乱了利润的可持续性和可重复性（缪艳娟，2005）。

比如，营业外收入/支出中核算的非流动资产处置损益、债务重组损益、非货币性资产交换形成的损益以及收到的政府补助等，因该项目核算内容过于庞杂，在一定程度上降低了利润信息的相关性。由于与资产处置相关的准则制度尚不完善，使得亏损上市公司经常采用资产处置损益突击盈利。但是，通过处置资产获取的收益并不具备可持续性，将正在使用资产处置，有可能对企业长期的发展带来不利影响。周琼芳和徐鸿（2011）分析了现行利润表存在的局限，建议取消营业外收入和营业外支出项目，直接增加利得和损失要素，全面、公允地报告和披露企业真实业绩水平和获利能力。因资产处置相应准则并不完善，企业在信息披露的过程中，难免存在机会主义动因。

### 三、利益相关者的信息甄别

投资收益由多种交易或事项共同影响而成，投资收益项目中不仅包括正常投资活动收益，还包括金融类资产和长期股权投资的处置损益。投资收益项目提供的信息过于庞杂，没有区分持有损益和处置损益两类不同性质的损益。营业外收入/支出项目反映的内容更为繁杂，不仅包括非流动资产处置损益，还包括其他与企业生产经营无直接关系的各项支出，如非货币性资产交换损益、债务重组损益、公益性捐赠收入/支出、非常损益、盘亏损益等。同为资产处置损益，投资性房地产处置损益、金融类资产处置损益和长期股权投资处置损益计入营业利润，处置非流动资产的损益计入营业外收入/支出，会计处理缺乏一致性，不利于报表使用者获取客观、真实的信息。

# 第三节　企业资产处置损益的描述性统计分析

2014 年修订的《企业会计准则第 30 号——财务报表列报》明确规定“性质或功能不同的项目，应当在财务报表中单独列报”“性质或功能类似的项目，其所属类别具有重要性的，应当按其类别在财务报表中单独列报”。下文分别从总体状况、分项目统计、分行业和分产权性质等方面统计资产处置损益对净利润和非经常性损益的影响。

## 一、企业资产处置损益——总体分析

从信息使用者和监管者的角度，分别考察资产处置损益对净利润和非经常性损益的影响，期望能为信息使用者获取有效信息提供帮助，为监管机构完善监管政策提供参考。表 2-2 为资产处置损益影响净利润和非经常性损益的影响分析。具体而言，2008 年资产处置损益对净利润的影响呈现高峰态势，高达 17.12%，之后恢复较为平稳趋势。2011 年之后，资产处置损益逐年上升，上升幅度明显。据统计，2007~2015 年有 80% 以上的上市公司发生了资产处置损益，资产处置损益总额占净利润比重约为 9.72%[①]，2015 年资产处置损益总额占净利润的比重高达 14.72%，较之前年份有较大提高。

① 数据来源于 Wind 和 CSMAR 数据库，以 2007~2015 年为计算期间，为 9 年的平均值。

表 2-2　资产处置损益总体分析 1——对净利润的影响

| 项目＼年度 | 2007 | 2008 | 2009 | 2010 | 2011 | 2012 | 2013 | 2014 | 2015 |
|---|---|---|---|---|---|---|---|---|---|
| 资产处置损益占净利润的比重 | 10.18% | 17.12% | 7.15% | 5.04% | 6.91% | 8.48% | 8.49% | 9.37% | 14.72% |
| 资产处置损益占非经常性损益的比重 | 33.03% | 83.65% | 19.98% | 23.85% | 26.79% | 29.86% | 20.85% | 22.26% | 21.56% |

中国证监会为了遏制上市公司操纵盈余粉饰利润，达到中国证监会规定的融资门槛，1999 年提出非经常性损益的概念。该概念经历数次修改，2008 年，基于对新会计准则认识的深化，非经常性损益概念突破了非经营性，第一次明确提出即使是营业活动，但不是正常损益，也要纳入非经常性范畴。非经常性损益的 21 项内容中，非流动资产处置损益项目发生频率和发生金额居 21 项之首。2007～2015 年，资产处置损益占非经常性损益的比重（不包括金融行业）逐年上升，2008 年高达 83.65%，之后较为平稳，约占非经常性损益的 24%。资产处置损益在 2008 年呈现井喷态势，可能的原因在于，2008 年金融危机的爆发，使得企业融资环境极度恶化，融资成本上升，导致企业利润大幅下滑，同时给企业现金流造成巨大压力。企业适时处置持有资产，带来处置损益的同时，也能够产生现金流量，在一定程度上缓解财务状况的进一步恶化，降低因现金短缺引起的财务风险。

进一步分析，资产处置损益对单个上市公司的影响，如表 2-3 所示。2007～2015 年，约有 10% 的上市公司的资产处置损益对净利润的影响超过 50%，约有 23.3% 的上市公司的资产处置损益对净利润的影响超过 10%，约有 53.44% 的上市公司的资产处置损益对净利润的影响超过 1%。其中，2007～2009 年、2013～2015 年的资产处置损益占净利润的比重普遍高于 2010～2012 年。总体而言，资产处置损益对净利润的影响趋势与表 2－2 一致，2007～2009 年所占比重较高，2010～2012 年有所下降，2013～2013 年缓步上升。可能的原因在于，上市公司处置资产的行为受宏观经济环境的影响，宏观经济的波动影响上市公司资产处置行为的发生。宏观经济发展较好时，上市公司处置资产的行为相对较少；宏观经济处于下滑阶段，上市公司处置资产的行为相对较多。

**表 2－3　资产处置损益总体分析 2——对单个上市公司净利润的影响**

| 项目＼年度 | 2007 | 2008 | 2009 | 2010 | 2011 | 2012 | 2013 | 2014 | 2015 |
|---|---|---|---|---|---|---|---|---|---|
| 资产处置损益对净利润的影响超过 50% 的上市公司的比重 | 13.74% | 10.45% | 10.82% | 8.21% | 8.20% | 7.46% | 8.64% | 10.89% | 10.99% |
| 资产处置损益对净利润的影响超过 10% 的上市公司的比重 | 31.23% | 25.69% | 26.70% | 21.15% | 18.50% | 18.25% | 20.53% | 23.79% | 23.92% |
| 资产处置损益对净利润的影响超过 1% 的上市公司的比重 | 65.61% | 58.84% | 58.67% | 50.68% | 45.92% | 45.39% | 49.84% | 52.94% | 53.10% |

## 二、企业资产处置损益——分项目统计

资产处置损益总额对净利润和非经常性损益有较大影响，进一步对经营类资产、长期股权投资和金融资产处置损益进行统计

分析，分项目分析对净利润和非经常性损益的影响。

（一）资产处置损益分项目统计1——对净利润的影响

以中国A股市场上市公司为样本，因金融行业资产管理的特殊性，剔除了金融行业，统计了2007~2015年经营类资产处置损益、长期股权投资处置损益、金融资产处置损益和净利润的发生情况。非流动性资产处置损益主要包括固定资产和无形资产处置损益。长期股权投资和金融资产处置损益由“投资收益”附注信息手工统计而来，如表2-4所示。具体而言，2007~2015年，经营类资产处置损益占净利润的比例平均为4.22%①，2008年经营类资产处置损益占净利润比例高达11.57%。可见，经营类资产处置损益对净利润具有较大的影响。2007~2015年，长期股权投资和金融资产处置损益约占净利润比重平均分别为3.4%和2.09%。2013~2015年，金融资产占净利润比例上升速度较快，可能的原因在于，2014年修订的《企业会计准则第2号——长期股权投资》中长期股权投资的核算范围有较大变化。准则明确规定原来由“长期股权投资”核算的不具有控制、共同控制和重大影响的其他投资，目前适用《金融工具确认和计量》。②，整体而言，2015年经营类资产、长期股权投资和金融资产处置损益对净利润的影响较之前年份有明显的提高。

（二）资产处置损益分项目统计2——对所属项目的影响

资产处置会计处理所产生的损益，主要反映在利润表的“营业外收入/支出”和“投资收益”账户中，2007~2015年，经营类资产（指固定资产、无形资产）处置损益平均占营业外

① 数据来源于Wind和CSMAR数据库，以2007~2015年为计算期间，为9年的平均值。

② 2014年发布的《企业会计准则第22号——金融工具确认和计量》

表 2-4 资产处置损益分项目统计 1——对净利润的影响

| 项目＼年度 | 2007 | 2008 | 2009 | 2010 | 2011 | 2012 | 2013 | 2014 | 2015 |
|---|---|---|---|---|---|---|---|---|---|
| 经营类资产处置损益占净利润的比重 | 4.34% | 11.57% | 2.45% | 1.77% | 2.72% | 4.21% | 3.05% | 3.08% | 4.80% |
| 金融资产处置损益占净利润的比重 | 3.31% | 2.19% | 1.90% | 0.97% | 1.00% | 0.71% | 1.18% | 2.90% | 4.69% |
| 长期股权投资处置损益占净利润的比重 | 2.53% | 3.36% | 2.80% | 2.30% | 3.19% | 3.56% | 4.25% | 3.39% | 5.23% |

收支净额（营业外收入减去营业外支出）的 35.15%①，2007 ~ 2010 年呈逐年下降的态势，之后呈较为平衡趋势。2007 ~ 2015 年，长期股权投资处置损益和金融资产处置损益分别约占投资收益的 19.63% 和 11.22%②。自 2012 年起，金融资产占投资收益比例逐年上升，具体如表 2-5 所示。

表 2-5 资产处置损益分项目统计 2——对所属项目的影响

| 项目＼年度 | 2007 | 2008 | 2009 | 2010 | 2011 | 2012 | 2013 | 2014 | 2015 |
|---|---|---|---|---|---|---|---|---|---|
| 经营类资产处置损益占营业外收支净额的比重 | 69.72% | 52.04% | 33.19% | 24.67% | 30.81% | 30.35% | 23.59% | 24.57% | 27.42% |
| 长期股权投资和金融资产处置损益占投资收益的比重 | 32.86% | 36.07% | 33.24% | 26.96% | 29.97% | 28.14% | 29.54% | 28.91% | 31.90% |

① 数据来源于 Wind 和 CSMAR 数据库，以 2007 ~ 2015 年为计算期间，为 9 年的平均值。

② 数据来源于 Wind 和 CSMAR 数据库，以 2007 ~ 2015 年为计算期间，为 9 年的平均值。

续表

| 项目 \ 年度 | 2007 | 2008 | 2009 | 2010 | 2011 | 2012 | 2013 | 2014 | 2015 |
|---|---|---|---|---|---|---|---|---|---|
| 金融资产处置损益占投资收益的比重 | 18.61% | 14.26% | 13.44% | 7.99% | 7.14% | 4.70% | 6.41% | 13.32% | 15.09% |
| 长期股权投资处置损益占投资收益的比重 | 14.24% | 21.81% | 19.80% | 18.97% | 22.84% | 23.44% | 23.13% | 15.58% | 16.81% |

综上所述，资产处置损益总额占净利润的比重约为10%，从发生的频率和发生金额的重要性来看，都有必要改进对资产处置损益的披露方式。进一步，与经营类资产处置损益相比，长期股权投资处置损益和金融类资产处置损益应当在利润表中单独列示，这是因为长期股权投资处置损益和金融类资产处置损益占投资收益的比重均高于经营类资产处置损益占营业外收支净额的比重，且长期股权投资处置损益和金融类资产处置损益对净利润有较大影响。

### 三、企业资产处置损益——分行业统计

表2-6为资产处置损益分行业统计表，发生资产处置损益的18个行业中，剔除了样本量少于100个的教育业、卫生和社会工作以及居民服务、修理和其他服务业等行业，采矿业的资产处置损益表现为处置损失，其他行业均为处置收益。其中，信息传输、软件和信息技术服务业的资产处置损益占净利润的比重最高，达24.52%，其次为综合服务业，达24.03%，文化、体育和娱乐业的资产处置损益占净利润的比重最低。信息传输、软件和信息技术服务业的资产处置损益占非经常性损益的比重最高，文化、体育和娱乐业的资产处置损益占净利润非经常性损益的比重最低。

表 2-6 资产处置损益分行业统计

| 行业类别 | 样本量 | 资产处置损益占净利润的比重 | 资产处置损益占非经常性损益的比重 |
|---|---|---|---|
| A 农、林、牧、渔 | 335 | 13.19% | 33.20% |
| B 采矿业 | 455 | -1.13% | -38.78% |
| C 制造业 | 11735 | 4.65% | 22.22% |
| D 电力、煤气及水的生产 | 639 | 2.66% | 29.67% |
| E 建筑业 | 436 | 2.68% | 30.59% |
| F 批发和零售业 | 1096 | 9.16% | 36.86% |
| G 交通运输、仓储业 | 649 | 4.49% | 28.90% |
| I 信息传输、软件和信息技术服务业 | 874 | 24.52% | 101.86% |
| K 房地产业 | 934 | 6.64% | 44.45% |
| L 租赁和商务服务业 | 198 | 3.47% | 27.81% |
| N 水利、环境和公共设施管理业 | 142 | 3.07% | 29.41% |
| R 文化、体育和娱乐业 | 148 | 1.88% | 13.43% |
| S 综合 | 351 | 24.03% | 58.11% |



## 四、企业资产处置损益——分产权性质统计

表 2-7 为资产处置损益分产权性质统计表。2009 年以来，非国有上市公司的资产处置损益占净利润的比重普遍高于国有上市公司，而国有上市公司的资产处置损益占非经常性损益的平均比重高于非国有上市公司。2008 年，国有上市公司的资产处置损益甚至超过非经常性损益。总体而言，无论国有还是非国有上市公司，资产处置损益占净利润和非经常性损益的比重都较高，资产处置损益及其列报方式能否引起股价的变动，在国有和非国有上市公司中是否存在差别，均会影响报表使用者的投资决策，有待于做进一步的实证研究。

表 2－7　　　资产处置损益分产权性质统计

| 年份 | 资产处置损益占净利润的比重 | | 资产处置损益占非经常性损益的比重 | |
|---|---|---|---|---|
| | 国有上市公司 | 非国有上市公司 | 国有上市公司 | 非国有上市公司 |
| 2007 | 2.99% | 12.12% | 28.33% | 42.75% |
| 2008 | 11.22% | 10.79% | 113.11% | 36.64% |
| 2009 | 1.01% | 7.80% | 10.49% | 34.55% |
| 2010 | 1.45% | 2.57% | 22.05% | 18.65% |
| 2011 | 2.36% | 3.70% | 28.19% | 23.52% |
| 2012 | 4.23% | 4.12% | 35.03% | 23.01% |
| 2013 | 2.36% | 4.77% | 18.47% | 25.43% |
| 2014 | 2.34% | 4.69% | 18.70% | 24.19% |
| 2015 | 4.83% | 4.73% | 19.89% | 23.48% |

## 本章小结

本章分析了资产处置过程中涉及的资产处置损益的确认、计量和报告。资产处置损益的会计处理存在内在不一致的现象，现行资产处置会计处理无法为监管部门提供可靠的会计信息，无法反映企业真实的盈利能力，不利于信息使用者获取相关信息。进一步对资产处置损益的统计分析中，无论是资产处置损益总体，还是分项目、分行业和分产权性质，都发现资产处置损益对净利润和非经常性损益的重大影响。资产处置损益对单个上市公司的统计分析也表明，无论从整个资本市场还是单个上市公司，资产处置损益都具有举足轻重的地位。信息传输、软件和信息技术服务业和综合服务业等行业发生的经营类资产处置损益较多，非国有上市公司发生的经营类资产处置损益较多。

2014 年财政部发布的《企业会计准则第 30 号——财务报表

列报》中规定性质或功能类似的项目，其所属类别具有重要性的，应当按其类别在财务报表中单独列报。关于重要性的界定标准，在准则中给出了项目性质和发生金额两个判断标准。从性质上来讲，资产处置损益对企业的经营成果有较大影响，甚至会影响报表使用者做出正确的经济决策；从金额上来讲，资产处置损益金额占净利润的比重约为 10%，各类资产处置损益在所属单列项目的比重均超过 20%。

# 企业资产处置的理论分析

前两章为全书的理论基础和相关文献回顾，以及资产处置现状分析。本章分析企业资产处置的动因及影响企业资产处置的因素，从而演绎出资产处置引发的经济后果，为后面的实证研究打下坚实的基础。

## 第一节　企业资产处置动因的理论分析

动因，也称人类行为的原因、动力与根源，早期属于哲学的探讨范畴，具有直接反映人类行为能动性与目的性的作用。对于处置资产的企业而言，处置动因为影响企业处置行为的重要因素。因此，对处置资产具体动因的探索是研究处置行为的前提条件。

近年来，资本市场高速发展，企业资产的周转和流通速度较快，特别是会计核算中公允价值计量属性的普及，使得资产处置的动因变得异常复杂。企业处置资产动因的理论分析，基于管理层处置资产的意图，下面分别从非机会主义动因和机会主义动因两方面进行阐述。

## 一、非机会主义动因

现有的研究中，企业资产处置的动因主要是为提高资产配置效率（Hite et al.，1987；Jain，1985）或者是提高经营集中度（Linn and Rozeff，1984；John and Ofek，1995；严武和王辉，2011 等）等；还有文献认为处置资产是为了缓解代理冲突（Hillier et al.，2005；Hanson and Song，2006；Datta et al.，2003 等）。在股东和管理层目标利益一致的情况下，企业资产处置主要受以下因素的影响：

1. 资产的自然属性。企业拥有的资产正如有生命的实体，经历一个产生、消耗、成长、衰退的过程，任何资产处置或是出售，首先取决于资产的自然属性，无论是资产的自然消耗，抑或是技术进步，更新换代，均导致资产效用的降低。企业处置资产时考虑其经济因素，基于对未来盈利能力下降的判断，即资产不能为企业带来经济利益或带来的经济利益降低。企业的生命周期能够比较恰当地反映企业经营状况和资产质量，在不同生命周期中，资产的盈利能力存在较大差别。在生命周期的初期，企业会购置大量资产，资产的盈利能力较强，较少发生处置资产的行为；在生命周期的衰退期，资产使用价值较低，盈利能力显著下降，处置资产发生频率较高。将企业生命周期纳入分析资产处置的影响因素的分析框架，从动态的角度分析企业资产处置的变化趋势。

2. 企业的财务状况。影响企业资产处置的财务状主要包括资产总额、上市年限、财务风险以及财务健康状况。企业的资产总额是影响处置资产的重要因素之一。一方面，资产规模较大的上市公司处置资产的频率可能会更高；另一方面，资产规模较大的上市公司，企业内部管理较为规范，也可能较少处置资产，有待于后面的进一步检验。上市公司的上市年限反映了公司的生存时间，在一定程度上反映了资产的存续状态；财务风险较高的公司更有可能处置资产，而内部财务健康状况良好的上市公司较少处置资产。Herrman 等（2003）认为公司特征和经济环境等影响公司的资产处置行为。Bartov（1993）和 Moses（2003）等的研究均发现了资产负债率、公司规模与是否发生资产处置损益呈正相关关系。

3. 其他因素，如宏观经济状况、行业特征等的影响。企业处置资产还受到宏观经济和行业特征的影响，任何公司的正常运转都离不开所处的宏观经济环境，当宏观经济下滑，上市公司会通过处置资产缓解资金短缺的压力或改变公司财务状况，使上市公司暂时摆脱财务困境。2008 年，上市公司发生的资产处置损益对净利润的影响高达 17.12%，对非经常性损益的影响高达 83.65%，远远高于 2007 ~ 2015 年的平均水平。相对于经营类资产而言，金融资产的处置更易受经济波动的影响。行业特征是影响企业资产结构的外部因素之一。首先，行业的盈利水平和行业现金流波动状况是行业所处的客观环境，行业保持较高的盈利水平，现金流波动幅度较小，为企业的发展提供了比较适宜的外界环境，企业保持生产经营的常态，较少发生处置资产的行为；其次，行业的周期性是受宏观经济波动影响较强的行业，比如，采掘业、交通运输业、金属非金属行业和房地产等，较容易发生资产处置行为；最后，受管制行业关系到国家经济命脉，与政府有千丝万缕的关联，处置资产行为更宜受外界因素的干扰，而非管制行业受政府干预较小，即使受政府干预也不会处置资产而损害企业长期利益。

## 二、机会主义动因

Jensen 和 Meckling（1976）结合当时的时代背景，重新对 Berle 和 Means（1932）的话题展开研究，他们认为简单分离所有权和经营权可能会导致其他问题的出现，公司所有权和经营权分离后，股东和管理层之间会出现利益诉求不一致的情况，股东期望公司的价值最大化，而管理层更关注自身价值的实现和在职消费。一旦股东不能对管理层实施有效的监管，两者就会产生严重的委托代理问题，从而带来监督成本、约束成本和剩余损失。可见，代理问题是现代企业制度，乃至以契约精神为基础的现代经济体系面临的一大挑战。由于信息来源、信息质量和数量等不对称，具有信息优势的一方在博弈中往往处于比较有利的地位。信息不对称增加了道德风险，信息优势方利用信息劣势方对信息掌握的不准确、不全面和不及时，利用蒙蔽或欺诈的手段，侵占信息劣势方的利益。

委托代理双方的利益冲突和信息不对称的客观存在使得盈余管理成为可能。综合已有文献，盈余管理最直接的目的主要有两种情况：一种是调高盈利水平，主要有以下情形：（1）IPO 时取得较高的发行价；（2）取得配股和定向增发的资格；（3）上市后避免报告亏损；（4）已经出现亏损的上市公司扭亏为盈；（5）避免利润下降；（6）满足薪酬和债务契约。另一种是调减盈利水平，主要有以下情形：（1）平滑利润，向外界传递盈利能力稳定的信号；（2）为避免连续亏损进行的“大清洗”；（3）避免税收负担。对 2007～2015 年发生的资产处置损益①的

① 数据来源于 CSMAR 数据库，上市公司财务报表“营业外收入”“营业外支出”和“投资收益”等附注信息。

统计中，发现既有处置收益也有处置损失，但总体表现为处置收益。因此，对基于机会主义动因而处置的资产，既有可能调高盈余，也有可能调低盈余。

内部治理机制在上市公司的有效运行和科学决策中发挥着激励和监督作用，上市公司通过设立董事会、监事会，改革股权及管理层激励等一系列内部治理机制约束控股股东和管理层的盈余管理行为，已有研究成果中，较少文献系统地分析内部治理机制与基于非流动资产处置实施盈余管理的研究。公司作为经济运行体制中的微观个体，其生产、经营活动受到内部治理机制的影响和制约和外部治理机制的制约。外部治理机制主要包括市场机制（如竞争因素与产品质量）、专业机构（如会计师、投资银行及专业机构分析人员等）以及资本市场对股东权益的保护等。因此，内外部治理机制对盈余管理行为具有调节效应。

## 第二节　企业资产处置经济后果的理论分析



由于所有权和经营权的分离，股东与管理层之间利益不一致的情形客观存在。股东期望公司利益最大化，而管理层会更多地关注自身利益。基于公司价值最大化而处置资产的行为，会影响企业资产配置的效率；基于管理层利益最大化而处置资产的行为，有可能成为真实盈余管理的手段，影响企业短期经营业绩和企业价值。无论出于公司价值最大化还是管理层利益最大化都会影响资产处置损益信息披露的质量。

### 一、企业资产处置与资产配置效率

会计学中的“资产”是指企业过去的交易或者事项形成的、

由企业拥有或者控制的、预期会给企业带来经济利益的资源。经济学中的“资产”是指有用的、稀缺的、具有产权归属的资源。会计学中的“资产”是企业拥有或控制的，能为企业带来经济利益的资源。“资产”本身就是资源的组成部分，资产具有资源应有的特征和属性，因此适合“资源”的相关理论，同样适合“资产”。企业资源理论关键的问题是要解决资源配置问题，就宏观层面而言，其主要目标是将有限的资源配置到各个领域，实现资源的有效配置，社会的协调发展；就微观层面而言，如何将已有的社会资源进行有效配置，主要受管理层能力、管理层偏好及战略定位等因素的影响。资产处置是最优资产配置的修正措施，将多余或长期闲置的经营性资产出售或转让，调整资产结构，为获取短期利润，将持有的金融类资产出售，调节风险水平。资产处置的最终目标是达到资产的有效配置，提升企业绩效，增强竞争能力。本书第五章将在资产有效配置的理论基础之上，采用中介效应的检验方法，分析资产处置影响资产配置效率的路径和作用机制。



## 二、企业资产处置与真实盈余管理

盈余管理是上市公司资产处置行为研究的重点内容，是本书第五章的理论基础，在对盈余管理进行实证检验之前，有必要对盈余管理的理论作简要回顾。盈余管理的概念可谓仁者见仁，智者见智，至今没有达成共识。总的来说，盈余管理是管理层以选择会计政策或实行真实交易活动为手段，其目的是改变会计盈余数据，影响基于会计数据的契约结果，从而实现自身利益或企业价值最大化。

（一）盈余管理存在的原因

现代企业制度中，委托代理关系的存在，委托人和代理人的冲突是盈余管理的根本动因。委托代理双方契约不完备性和信息不对称性使得盈余管理成为现实，“三大会计假设”成为管理层实施盈余管理的直接原因，中国监管部门对上市公司的盈利要求则是制度背景。委托代理理论是在“理性人”假设的基础上提出的。所有权和经营权的分离，使得所有者和经营者出现了利益分歧，双方都作为“理性人”。所有者追求自身价值最大化，而经营者追求更高的薪酬，更多的闲暇时间和在职消费，这必然导致两者的矛盾冲突。企业是一系列契约的结合，信息不对称广泛存在于契约之中，资本市场各主体有着不同的信息渠道，处于信息优势的经营者作为信息的生产方，对自身信息有着充分的了解，管理层或一般投资者则只能被动接受企业披露出的信息，信息的可靠程度和及时程度都不及公司本身。契约论的基本理念是投资者作为理性人，在提供资本之前，会与被投资人签订完备的契约。由于有限理性、不确定性和信息不对称性，完备的契约几乎是不存在的。

实证会计理论的“三大假设”① 以会计数据和盈余信息为基础，是管理层调节盈余，粉饰报表的直接原因。中国证监会制定的股票特别处理制度、暂停交易、终止交易或退市政策，均包含基于业绩水平的评判标准，是我国上市公司调节盈余，避免亏损的制度动因。具体而言，中国证监会规定：上市公司经审计两个会计年度的净利润均为负，其股票交易被实行特别处理（即“ST”）；最近三年连续亏损，将被暂停上市（即“PT”）；最近三年连续亏损，在其后一个年度内未能恢复盈利，将被终止上市。在我国，很长一段时间内，股票发行采用审批制，公司上市



① 罗斯·瓦茨、杰罗尔德·L齐默尔曼著，陈少华译：《实证会计理论》，东北财经大学出版社 2012 年版。该处主要指管理层薪酬假说、债务契约假说和政治成本假说。

本身就是一个漫长而又艰难的过程，要求上市前“连续三年盈利”，上市后仍有 2 年的督导期，因此，上市资格成为稀缺资源，无论“ST”“PT”或是终止上市，都会导致“壳”的极大贬值。在此制度背景下，上市公司避免亏损动机尤为强烈。处置资产是企业真实的经营活动，其产生的资产处置收益会影响“投资收益”或“营业外收入”，进而影响企业的利润总额，达到扭亏为盈的目的。

（二）盈余管理的手段

根据盈余管理手段的不同，可分为应计盈余管理和真实盈余管理，应计盈余管理主要是通过会计政策、会计估计变更来操纵应计利润的行为，从整个会计期间来看，应计盈余管理并不改变公司的利润总额，只是影响利润在各个会计期间的分布。长期以来，学术界比较关注应计盈余管理的研究，并取得了丰硕的研究成果。近年来，真实盈余管理备受关注，真实盈余管理是通过改变正常的业务活动，构造交易或控制交易时间来操控会计盈余，影响利益相关者的投资行为。基于真实活动的盈余管理主要包括销售操控、成本操控、费用操控和出售资产等，由于真实盈余管理属于真实的经营活动，具有较强的隐蔽性，不易被监管机关察觉，管理层更倾向于真实盈余管理。然而，真实盈余管理成本较高，可能以牺牲企业长期价值为代价。现有关于真实盈余管理的研究文献中，较多关注销售操控、成本操控、费用操控，而处置资产的研究较少。通过将处置资产收益等非经常性收益转作经常性收益，改变盈利结构的盈余管理，给报告使用者盈余具有持续性的假象，本书将以处置资产为手段的真实盈余管理作为研究对象，具有重要的理论和现实意义。

（三）盈余管理的经济后果

盈余管理的经济后果“好”或“坏”之争由来已久。有观点认为，盈余管理降低了财务报表的质量，误导利益相关者的决策，尽管盈余管理的有些手段是合法的，但违背了会计“公允反映”的目标，违背了《会计法》的原则和精神。更有甚之，认为盈余管理实际上是欺诈行为，本质上是不合法的。斯科特认为盈余管理之所以持续存在，原因在于它有“好”的一面。从信息传递的角度，盈余管理可以向外界传递公司持续稳定发展的信息，使股价更好地反映未来发展前景。“好”的前提是建立在“适度的盈余管理”的基础之上。

Cohen 和 Zarowin（2010）等、Bruggen 等（2011）和 Roychowdhury（2006）认为削减研发、员工培训以及广告费用等酌量性费用操控手段，是以牺牲未来业绩为代价换取短期业绩的攀升。李彬和张俊瑞（2008）、李彬和张俊瑞（2009）和李彬和张俊瑞（2010）得出如下结论：生产操控、费用操控的管理盈余的行为是以牺牲公司未来的经营能力为代价的，有损于股东未来获利能力并对公司未来投资水平造成不利影响。王亮亮等（2013）认为公司进行销售、生产和费用等真实活动的操控会带来未来业绩的下滑，市场化程度较高，能够削弱两者之间的负向关系。王福胜等（2014）比较了真实和应计盈余管理对未来经营业绩的影响，得出了真实盈余管理对长期业绩有负面影响。已有的真实盈余管理的研究中，较少涉及资产处置的经济后果。



### 三、企业资产处置损益信息的价值相关性

美国《财务会计概念公告第 1 号》指出，会计信息的主要目标是决策有用性，国际会计准则理事会也采纳了该观点，我国的企业会计准则也要求财务会计报告提供的有关会计信息应有助于报告使用者做出经济决策。决策有用性主要体现在以下两点：估值有用性和契约有用性。估值有用性是指会计信息要有利于投

资者的估值决策，契约有用性是指会计信息要有利于缔结合约。估值有用性研究主要包括信息观和计量观，基于信息观的研究称为信息含量研究，基于市场有效假说，以历史成本为基础，一般采用短窗口事件研究方法；基于计量观的研究称为价值相关性研究，主张改善计量方法，增加强信息的决策有用性。

根据市场有效假说，基于信息观的估值有用性理论认为，市场会充分反映所有的信息，如果会计信息有用，投资者买卖股票的供需行为将进一步影响到股票价格，且可以预期股票价格的变动方向。现实中，投资者未必是完全理性，市场未必是完全有效，会计信息未必能完全解读，特别是在我国资本市场起步较晚的情况下。陈小悦（1997）、胡朝霞（1998）等认为沪深两市1997年均已达到弱式有效，李佳和王晓（2010）、朱礼来和李静静（2013）、王建中等（2010）等均认为目前国内市场已达到弱有效；徐晓磊和黄良文（2002）、肖军和徐信忠（2004）、李培军和董丁（2007）、宋歌和李宁（2009）等继续研究了我国市场的半强式有效性，得出我国尚未进入半强式有效市场。近年来，公允价值计量属性在金融资产、投资性房地产中的广泛使用，使得会计信息更具相关性，计量观的估计有用性倍受关注。基于信息观下的历史成本信息，对于股价的解释能力偏低，因此信息观的估值有用性受到更多质疑。Ohlson 会计评价模型的出现也助长了计量观的思潮。在该模型下，公司市价可由资产负债表和利润表中的数字来决定，可以部分消除估计市值的难题。

早期的价格相关性主要是比较了不同盈余指标的价值相关性差异，发现净利润比经营现金流量更具价值相关性（孙铮和李增泉，2001；赵春光，2004 等），剩余收益比会计盈余更具价值相关性（孙铮和李增泉，2001），会计盈余与经济附加值的价值相关性比较未得出一致的结论（孙铮和李增泉，2001；王化成等，2004）。还有的文献研究了非盈余信息的价值相关性，比如，无形资产的具体构成（王志台，2001）、资产减值准备（王跃堂等，2001）、社会责任信息披露（陈玉清和马丽丽，2005；宋献中和龚明晓，2007 等）和非经常性损益（邓秋云，2005；叶建芳等，2013 等）。无论是出于何种动因的资产处置行为，都会产生资产处置损益，分别在利润表中列示，在附注信息中披露，资产处置损益影响净利润，其列报方式能否引起股票价格和股票收益率的变动，是资产处置的经济后果之一。

## 第三节　企业资产处置动因及经济后果的分析框架

经济后果理论认为，会计不仅是业务核算的工具，也是社会经济资源配置的重要机制之一，是在一定程度上充当利益相关者财富分配的工具。因此，会计信息的编制和列报活动具有直接或间接的经济后果。在上文理论分析的基础上，构建“动因—行为—经济后果”的研究路径，如图 3 - 1 所示。围绕“企业资产处置”这一中心，沿着“非机会主义动因——处置资产——资产营运能力/盈余持续性/现金持有水平——资产配置效率”、“机会主义动因——处置资产——调高盈利水平/调低盈利水平——未来经营业绩（企业价值）”、“机会/非机会主义动因——处置资产——会计信息质量——价值相关性”三条主线展开论证。

现代企业制度中，由于所有权和经营权的分离，以及代理问题和信息不对称的客观存在，管理层在处置资产时，除了要判断资产的自然存续状态，考察宏观环境、行业等因素的影响之外，还有可能出于机会主义动因。因此，处置资产的动因分为两大类，即机会主义动因和非机会主义动因。无论出于何种动机，发生处置资产的行为产生的处置损益，都会对会计信息质量产生影响。资产处置损益引起股价和股票收益率的变动，使得资产处置损益信息具有价值相关性。在非机会主义动因的支配下，管理层处置资产后，主要通过影响资产的营运能力、盈余持续性和现金持有水平，最终影响资产配置效率。在实证检验过程中，会依据资产类别分别考察处置资产影响资产配置效率的路径。在机会主义动因的支配下，管理层处置资产有可能为了取得处置收益，调高盈利水平，实现扭亏为盈，也有可能为了取得处置损失，调低盈利水平，避免盈利水平的大起大落。无论调高或是调低盈利水平，最终都会对未来经营业绩和企业价值产生影响。在实证检验过程中，也分别考察了不同类别资产对未来经营业绩和企业价值的影响。

综上所述，在以上研究路径的指导下，探究企业处置资产的动因和经济后果，并提出政策建议。



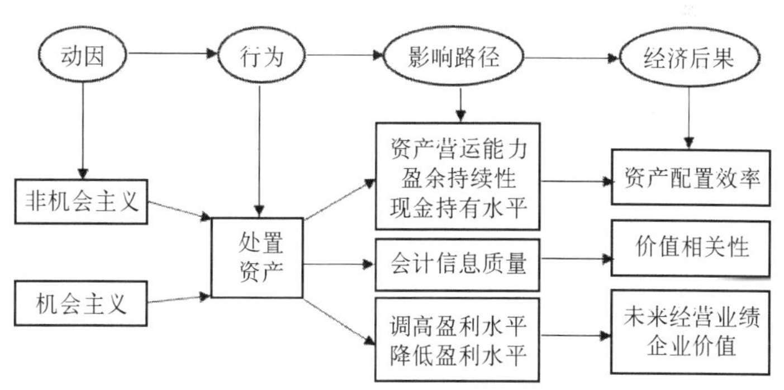


**图 3－1　企业资产处置动因及经济后果的分析框架**

## 本章小结

在理论基础和文献回顾的基础上，进一步分析企业资产处置的动因和经济后果。基于管理层的真实意图，分析了企业处置资产的动因及有由此带来的经济后果，构建了一个“动因—行为—经济后果”的研究路径，为后文的实证研究提供了坚实的理论基础。

# 第四章

# 企业资产处置与资产配置效率的实证分析

基于企业价值最大化动因（加快资产周转速度、获得处置损益或缓解资金压力等），建立在生命周期理论之上，分别研究宏观经济波动、行业因素和微观企业特征对资产处置的影响。企业资产处置会通过影响资产营运能力、盈余持续性、现金持有水平等最终影响资产配置效率。



## 第一节　问题的提出

在处置资产的过程中，管理层会遵循资产的生命周期，本着优化资产结构，合理配置资产的原则，促进资产的更新换代，也会根据资产的特征，处置到期的资产以获得投资收益。资产处置作为常见的经营活动之一，会引起资产负债表和利润表结构的变动，影响企业基本盈利能力、资产结构和现金流量的变动，并通过财务报表及其附注对外界传递信息，也必然具有经济后果。资本结构和资产结构对企业的发展同等重要，资本结构反映企业资金来源，在企业生产经营活动中占据重要位置，实际资本结构能否尽可能接近目标资本结构影响着企业面临的风险水平和盈利能力，进而影响其市场定价。现有文献关于资本结构的研究较多，较少文献关注资产结构。资产结构反映企业资源的运用。对于企业而言，保持科学、合理的资产结构，既是提高资产质量的要求，也是提高公司业绩的必然手段。在现实经营活动中，资产如同自然界的生命体，历经诞生、运行、消耗至消亡的过程，在该过程中既存在正常处置活动，又因资产处置能够产生损益，影响利润水平，也可能成为调节盈余的手段之一。

从经济学的角度看，资产意味着“未来经济利益”，取得资产时的价格代表了资产在其寿命期内，预期带来的经济利益。对固定资产、无形资产等经营类资产而言，其价值随着资产的使用逐渐被消耗和损毁。在资产使用过程中，也会产生一些无法预料的不利因素。例如，由于技术进步，出现生产效率更高的同类固定资产，资产价值大幅度下跌，其跌幅明显高于因时间的推移或者正常使用而预计的下跌程度，从而对企业产生不利影响或者有证据表明资产已经陈旧过时或其实体已经损坏时，资产将面临终止使用或被处置的状况。基于“真实毁损观”的理论分析，管理层处置资产是正常的经营活动，并没有机会主义的动机，该处置行为作为会计行为的一种，也具有经济后果，能够优化资产结构，提高企业盈利能力。

影响企业资产处置行为的因素，最主要的是资产的经济价值。公司处置资产时，应判断其对未来盈利能力的影响。企业生命周期能够较为恰当地反映企业生存状态和资产质量，处于不同生命周期的企业，其资产质量存在较大差异。在生命周期的初期，企业会购置大量资产，此阶段资产的盈利能力较强；在生命周期的末期，资产为企业获得经济利益的能力下降，不少企业还会进行资产清算活动。企业处置资产还受到外部因素的影响，如上市公司所面临的宏观经济环境、行业因素、企业内部财务状况等都会影响企业处置资产的行为。首先当经济处于下滑期时，上市公司会通过处置资产缓解资金短缺的压力或改变公司财务状况，使上市公司暂时摆脱财务困境。2008 年，上市公司发生的资产处置损益对净利润的影响高达 17.12%，对非经常性损益的影响高达 83.65%，远远高于其他年份，高于 2007 ~ 2015 年的平均水平。其次，不同行业的资产结构、产品特性和经营模式存在显著差异，因此行业间有不同的财务特征和经营策略。最后，企业内部财务状况也影响资产处置行为，规模的大小、债务水平、上市公司的年限和财务健康状况都会影响企业资产处置行为。下面分别从宏观、行业和微观三个视角探索影响资产处置的因素。

先前的研究中多数采用事件研究（唐莉，2004；安灵等，2007；严武和王辉，2011 等）的方法，以发生重大资产出售的上市公司为研究样本。随着资本市场的日益活跃，资产处置行为日渐频繁，近几年约有 85% 的上市公司发生了资产处置行为，小样本数据存在较大局限性，本章采用大样本数据，以发生了资产处置损益的上市公司为研究对象，采用中介效应的检验方法，探究资产处置行为对资产配置效率的影响路径和作用机制。

## 第二节　理论分析与研究假设

基于非机会主义动因，分析影响企业处置资产的宏观、行业和内部因素，利用中介效应检验资产处置影响资产配置效率的路径与作用机制。

### 一、基于非机会主义的动因分析

基于企业价值最大化目标，资产处置主要有如下动因：（1）加快资产周转速度，提高资产使用效率；（2）获得资产处置损益，提高盈利水平；（3）增加现金持有水平，缓解资金压力。

任何企业的生存和发展都离不开所处的外部环境，为实现上述目标，管理层在处置资产的过程中，要基于企业所处的生命周期，分析宏观经济波动、行业特征以及内部财务状况的影响。

越来越多的文献关注宏观经济波动对微观企业行为的影响，宏观经济波动可能影响企业现金持有水平、投融资行为等。陈志斌和刘静（2010）基于金融危机背景下，分析宏观经济总体水平作用于微观企业的路径，建议经济危机中应关注经营现金流的流速问题，以及投资、融资的现金流及自由现金流的匹配问题。陆正飞和韩非池（2013）区分长期宏观经济政策和短期宏观经济政策对企业现金持有的影响。研究发现，宏观经济政策主要通过投资机会路径影响企业现金持有的市场竞争效应和价值效应。王雄元等（2015）研究认为宏观经济波动性会影响实体经济和投资者对风险的态度，进而影响债券风险溢价。货币政策波动性越强，企业风险对短期融资券利差的影响越大，而信贷规模波动和乐观程度较高的市场会弱化两者之间的相关性。秦天程和张铁刚（2016）研究发现宏观经济波动加大，会加大企业 R&D 投入的融资约束程度，在非国有企业和中小企业中尤为显著，而对于国有企业和大企业的影响并不显著。

对现有文献进行筛选时，并未获得宏观经济波动影响企业资产处置的直接证据，处置资产的行为属于企业众多微观行为中的一种，该行为的发生受企业微观因素和宏观经济环境的双重影响。以 2006 年企业会计准则颁布后的上市公司数据为研究对象，统计了 GDP 增长率和企业资产处置损益占净利润的比重这一相对指标的变化趋势。统计发现，当经济处于上升阶段，资产处置损益发生率较低，而经济处于下行阶段。资产处置损益发生率较高，呈现此起彼伏的趋势。

行业的资产构成和资产风险呈现较大差别。行业特征会对企业的投融资行为、资本结构、股利政策等产生影响，不同行业的资产持有存在较大差异。现有文献分别从行业差异、行业周期性、行业竞争、行业受管制程度等方面研究了行业特征对企业行为的影响。连玉君等（2011）认为，行业特征影响上市公司现金持有行为，不同行业间的现金持有水平存在显著差异，行业收益不确定性和行业竞争程度是影响现金持有水平的重要因素。李延喜等（2013）认为行业管制对企业的过度投资行为有一定的影响，管制行业的过度投资分布呈现局域空间集群现象，非管制行业无规律可循。陈信元等（2013）和孙晓华和李明珊（2014）认为行业因素影响企业研发投资，企业研发投资差异主要源于行业特征的不同。企业资产处置行为受所处行业特征的影响，处于不同行业周期和所属行业的不同，使得持有资产的存续状态有较大差异。行业的周期性和管制性是影响企业资产处置的最主要原因。

顾银宽（2004）等研究企业资产结构与盈利能力、资本结构等因素的关系，认为上市公司的固定资产比率受到上市年数、资产规模、负债比率等因素的影响。刘宏（2004）认为资本结构、公司的成长性等因素会对公司的资产结构产生影响。孙晓华和李明珊（2014）比较了行业因素和企业因素对研发投入的影响，认为生产规模、企业年龄、资产负债率与R&D强度显著负相关，企业性质对研发决策也具有显著影响。

Phashley和Philippatos（1990）研究不同生命周期阶段，企业的资产剥离行为的目的，认为处于成熟期的企业会出售资产，增加流动性，改善现金流状况；处于衰退期的企业会出售盈利能力差的资产，以改善企业的盈利状况；处于淘汰期的企业通过出售资产，提高流动性或维持股利分配。Black（1998）的研究结果显示，不同生命周期阶段，盈余向投资者传递的信息不同，现金流量表所提供的信息比盈余提供的信息多。所处的企业生命周期不同，处置资产的目的存在较大差异，因此，研究者基于企业不同生命周期阶段，提出如下假设：

假设4-1a：宏观经济波动影响企业资产处置行为；

假设4-1b：行业特征影响企业资产处置行为；

假设4-1c：企业财务状况影响企业资产处置行为。



## 二、基于非机会主义的经济后果

基于非机会主义动因，处置资产会引起以下三方面的动态变化：首先，资产处置——资产数量的变动——资产营运能力——资产配置效率；其次，资产处置——资产处置损益——盈利能力——资产配置效率；最后，资产处置——处置资产收到的现金——现金持有水平——资产配置效率。正是由于资产处置会引起资产营运能力、盈利能力和现金持有水平的变化，加快资产周转、获取资产处置损益或缓解资金压力便成为处置资产的直接动因，具体研究思路如图4－1所示。因资产性质和持有目的不同，分别检验处置经营类资产、长期股权投资和金融资产影响资产配置效率的路径和作用机制。经营类资产主要包括固定资产和无形资产；金融资产主要包括可供出售金融资产和持有至到期投资。以经营类资产为例，详细检验处置经营类资产对资产配置效率的路径和影响机制。

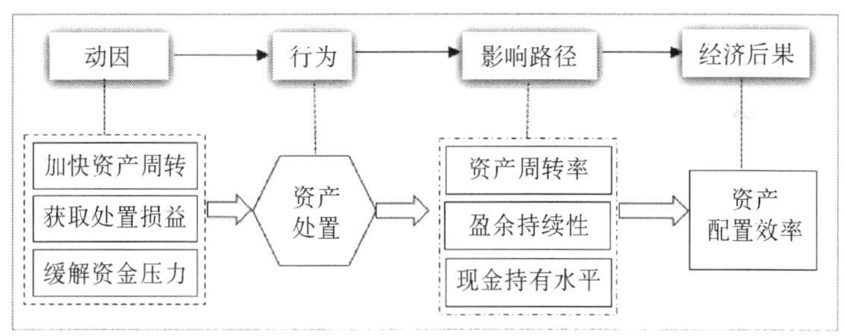


**图4－1　资产处置影响资产配置效率的路径和影响机制**

（一）资产营运能力的中介效应

资产营运能力是实现公司财务目标的基础，是公司综合运用资产能力的体现，在一定程度上可以用来衡量公司资产的运用和管理效率。企业资源观认为企业竞争优势来源于企业内部，企业所拥有的资产和能力影响企业绩效（Peteraf，1993）。营运能力是企业将可利用资源转化为期望产出（销售额、利润或开发新技术等）的效率。鲍长生等（2015）考察了资产营运能力对公司盈利能力的影响，相对于流动资产周转率，固定资产周转率对盈利能力的提升影响更大。徐经长和胡文龙（2009）考察了反映营运能力的财务信息的价值相关性。研究表明，营运能力的财务信息与会计盈余显著正相关，通过影响会计盈余，与股票价格之间具有间接相关关系。孔宁宁等（2009）研究了营运资本的管理效率对公司盈利能力的影响，建议管理层通过制定合理的信用政策和存货政策，实现营运资本的高效率运转，提高盈利能力。陈琪（2012）认为经营性资产的质量（周转性、营利性和有效性等）是影响上市公司可持续成长的关键因素之一。

为优化资产结构，提高资产持有质量而发生的处置资产行为，会影响资产运营能力，最终影响资产配置效率。资产处置是最优资产配置的修正措施，将多余或长期闲置的经营性资产出售或转让，有助于调整资产结构，加快资产周转。为获取短期利润，将持有的金融性资产出售，进而调节风险水平。资产处置的最终目标是达到资产有效配置，提升企业绩效，增强竞争能力。处置资产时，首先会引起资产金额的变动，因处置流动资产涉及金额较小，故选用非流动资产变动率作为处置资产的替代变量。随之，资产结构也会发生改变。资产的更新换代和存续状态的改变，会引起资产周转速度的改变，对公司资产营运能力产生较大影响，故选取非流动资产周转率作为资产营运能力的替代变量。良好的资产周转状况有利于公司经营业绩的提升，为此，提出如下假设：



假设4－2a：资产营运能力在资产处置影响资产配置效率的过程中发挥了中介效应。

（二）盈余持续性的中介效应

盈余持续性是衡量盈利能力的重要指标之一，表示当期盈利能力持续到未来期间的程度。处置资产产生的损益具有经常性，但不是经营性收益，不具有持续性。在总收益中，资产处置损益所占比重越高，盈余持续性越低。许文静（2009）认为非经常性损益项目是影响公司财务业绩的重要因素之一，上市公司财务业绩的主要来源仍是通过主要经营业务（大约93.49%）获取，但非经常性损益对净利润的影响程度呈上升趋势。该文中指出非经常性损益的具体项目构成对财务业绩的影响有待于进一步研究。肖华和张国清（2013）认为公司价值是盈余持续性的经济后果，盈余持续性越高，公司价值越高。陆宇建和蒋玥（2012）分析了在会计制度变迁、配股政策变革等制度背景下，不同持续性的会计盈余信息在市场定价过程中的作用。永久性盈余对公司的市场定价具有显著的正向影响。长时间窗口下，以线下项目为代表的暂时性盈余对市场定价有显著影响。赵婧和汪祥耀（2014）描述了非经常性损益自正式披露11年来的发展变化趋势，非经常性损益占净利润的比重大幅上升，已经成为净利润的重要组成部分，非流动资产处置损益在各项目中发生频率最高。

为获得资产处置损益而发生的处置资产行为，会影响收益质量，影响盈余持续性，最终影响资产配置效率。处置资产时，首先有可能会产生资产处置损益，因处置流动资产涉及金额较小，故选用“非流动资产处置损益”作为研究对象量，资产处置产生的损益属于“经常”发生的“非经营性”损益，影响公司的持续盈利能力，故选取主营业务利润率作为盈余持续性的替代变量。资产处置损益越高，盈余持续性越低。盈余持续能力有利于公司经营业绩的提升，为此，提出如下假设：

假设4－2b：盈余持续性在资产处置影响资产配置效率的过程中发挥了中介效应。

（三）现金持有水平的中介效应

现金流量对企业的健康运行和持续发展具有重要的战略意义，企业现金持有和管理是理论界关注的重要问题之一。目前，关于现金持有水平与企业价值的研究，并没有得出一致的结论。陆正飞和韩非池（2013）研究发现，受到国家政策支持或保护的企业，其现金持有水平越高，企业价值也相对较高。张会丽和吴有红（2014）认为，内部控制越有效，越有利于抑制自由现金流的过度投资，能够显著提高现金持有价值。与之相反，杨兴全和曾春华（2012）研究发现，公司的现金持有水平与公司价值负相关，而市场化进程则加剧了这种负相关性关系。王明明和韩东萍（2013）考察了持续和波动两类高额现金持有行为对公司绩效的影响，波动高额现金波动性对经营业绩有显著负向影响。陶启智等（2014）认为高额的现金持有是一种无效率投资行为，是对公司有效资源的浪费，不利于企业的长期发展。

为增加现金流量，缓解资金压力而发生的处置资产行为，会影响现金持有水平，最终影响资产配置效率。处置资产时，有可能会产生资产处置收益，由此带来现金流量的变化，以现金流量表中“处置固定资产、无形资产和其他长期资产收回的现金净额”和“收回投资收到的现金”作为资产处置引起的现金流量变动的替代变量。随之，资产处置产生的损益会带来现金的流入和流出，影响公司的现金持有水平，故选取现金和现金等价物的增加额作为现金持有水平的替代变量。现金持有水平对于公司经营业绩有较大影响，为此，提出如下假设：



假设 4 -2c：现金持有水平在资产处置影响资产配置效率的过程中发挥了中介效应。

## 第三节　研究设计

### 一、样本选择与数据来源

以 2007 ~ 2015 年沪深两市 A 股上市公司为研究样本，因金融行业资产管理的特殊性，剔除了金融行业样本，剔除了成长性、公司规模、负债水平等数据缺失的样本。本书所用数据来源于 CSMAR 数据库。本书中的非流动资产主要是指固定资产、无形资产、长期股权投资和可供出售金融资产及持有至到期投资等，主要使用 Stata1 4.0 和 Excel 2013 来处理相关数据和回归分析，为避免异常值的影响，对模型中所使用的变量进行了（1%，99%）缩尾处理。

上市公司的发展具有周期性，在生命周期的不同阶段，公司的投资机会、成长空间、公司治理水平等存在较大差异，对企业行为有较大影响。基于企业生命周期的视角，曾志坚和周星（2015）考察了超额现金持有水平对企业价值的影响；罗琦和李辉（2010）实证研究了股利政策对投资效率的影响；唐洋等（2014）考察了债务总体水平、债务期限结构和债务来源结构对企业绩效的影响。

关于生命周期阶段的划分，多数学者划分为三个阶段或四个阶段，不同阶段的生产经营、组织特征等各有不同。处于成长期的企业，企业规模处于扩张期，资金需求日趋增长，现金流量不稳定，常常面临资金不足的难题，销售增长，利润处于逐步增长阶段；处于成熟期的企业，日常运营正常，处于稳定发展阶段，现金流较大增加，利润处于稳定增长阶段；处于衰退期的企业，企业规模萎缩，销售下降，利润亏损，现金流量大量减少，甚至衰竭。基于企业资产处置的特征，本书将企业的生命周期划分为成长期、成熟期和衰退期。

Bens 等（2002）利用企业的销售收入增长率、科技研发投入、资本支出率等指标来对生命周期进行划分。也有学者利用经营活动、投资活动和筹资活动的现金流量组合法（叶建芳等，2010）来划分。综合我国上市公司的现实状况，本书采用营业利润增加率、资产增长率和净利润增长率综合得分划分企业生命周期。考虑到行业特征的差异，首先按行业将样本公司进行分类，分别对三个指标从高到低的方法进行打分赋值，最高的 1/3 为成长期，赋值 3 分；最低的 1/3 为衰退期，赋值 1 分；中间部分为成熟期，赋值 2 分，然后综合以上三个指标的总分，并按照同样的方法将总分进一步划分，最终获得成长期 6906 家上市公司，成熟期 2912 家上市公司，衰退期 7619 家上市公司，如表 4－1 所示。

**表 4－1　　　　样本分布明细表**

| 年度 | 成长期 | 成熟期 | 衰退期 | 总样本量 |
|---|---|---|---|---|
| 2007 | 495 | 202 | 563 | 1260 |
| 2008 | 502 | 212 | 715 | 1429 |
| 2009 | 537 | 245 | 733 | 1515 |
| 2010 | 699 | 293 | 817 | 1809 |
| 2011 | 813 | 362 | 893 | 2068 |
| 2012 | 881 | 366 | 1005 | 2252 |
| 2013 | 953 | 375 | 947 | 2275 |
| 2014 | 973 | 423 | 931 | 2327 |
| 2015 | 1053 | 434 | 1015 | 2502 |
| 合计 | 6906 | 2912 | 7619 | 17437 |

## 二、模型设计与变量定义

下面分别从影响资产处置因素和检验资产处置经济后果两方面建立模型。

（一）企业资产处置因素的模型及变量说明

为检验宏观、行业和企业层面因素如何影响企业资产处置行为，特构建以下三个模型：

$$NCAD = \beta_0 + \beta_1 ECYC + \sum_{i=2}^{8} \alpha_i Control + \varepsilon_1 \qquad (4.1)$$

$$NCAD = \beta_0 + \beta_1 OPESD + \beta_2 CASHSD + \beta_3 CYCIND + \beta_4 REGIND + \sum_{i=5}^{11} \beta_i Control + \varepsilon_1 \quad (4.2)$$

$$NCAD = \beta_0 + \beta_1 SIZE + \beta_2 LEV + \beta_3 AGE + \beta_4 SCORE + \sum_{i=5}^{7} \beta_i Control + \varepsilon_1 \quad (4.3)$$

其中，NCAD为被解释变量，在模型4.1和4.2中同时控制公司财务状况和内部治理因素，主要变量有：

1. 宏观层面变量。ECYC为宏观影响因素，借鉴江龙和刘笑松（2011）、Strobl（2012）及王红建等（2015）的做法，使用中国各年度GDP同比增长率作为经济周期的替代变量，因宏观经济的周期性波动传导至微观企业行为，时间上具有一定的滞后性，同时为了缓解经济周期影响企业行为可能存在的内生性问题，采用滞后一期的GDP同比增长率作为经济周期的替代变量。

2. 行业层面变量。本书用四个指标衡量行业因素对企业资产处置行为的影响。用该行业中上市公司的营业利润率的行业标准差来衡量行业的盈利水平（OPESD）；用该行业中上市公司现金持有水平的行业标准差衡量行业现金的波动水平（CASHSD）；行业周期性（CYCIND）根据上海证券交易所和中证指数有限公司发布的上证周期行业50和非周期行业100指、沪深300周期行业和非周期行业指数对周期性和非周期性行业的分类方法，将采掘业、交通运输仓储业、金属非金属、房地产等行业归为周期性行业，将其余行业归为非周期性行业；将采掘业、部分制造业、电力、煤气及水的生产、房地产等行业划分为行业管制（REGIND）。

3. 公司微观层面变量。公司规模的大小影响企业资产处置公司规模（SIZE）、财务杠杆（LEV）、公司上市时间（AGE）

和财务健康指数（ZSCORE）。

4. 控制变量。借鉴已有相关研究，本文采用的控制变量包括独立董事规模（INDBOARD）、第一大股东持股比例（TOP1）和股权制衡度（BALANCE）等内部治理因素变量。

各变量具体定义如表 4 -2 所示。

**表 4 -2　企业资产处置影响因素模型的主要变量定义及说明**

| 变量名称 | 符号 | 变量说明 |
|---|---|---|
| 资产处置损益 | NCAD | 资产处置损益/期初资产总额 |
| 宏观因素 | ECYC | 我国各年度 GDP 的同比增长率 |
| 行业盈利水平 | OPESD | 营业利润率的行业标准差 |
| 行业现金波动 | CASHSD | 现金持有水平的行业标准差 |
| 行业周期性 | CYCIND | 采掘业、交通运输业、金属非金属行业和房地产为 1；其他行业为 0 |
| 行业管制 | REGIND | 采掘业、部分制造业、电力、煤气及水的生产和房地产为 1，其他行业为 0 |
| 公司规模 | SIZE | 总资产的自然对数 |
| 财务杠杆 | LEV | 负债总额/资产总额 |
| 上市年限 | AGE | 企业上市年数 |
| 财务健康指数 | ZSCORE | （3.3 × 净利润 + 1.0 × 营业收入 + 1.4 × 留存收益 + 1.2 × 营运资本）/期初资产总额 |
| 独立董事规模 | INDBOARD | 独立董事人数/董事会人数 |
| 股权集中度 | TOP1 | 公司第一大股东持股比例 |
| 股权制衡度 | BALANCE | 第一大股东持股比例与第二大股东持股比例之比 |

（二）企业资产配置效率的模型及变量说明

资产处置行为的发生，会引起资产数量、现金持有水平和盈利状况等一系列变动，进而影响企业资产配置水平。本书借鉴 Baron 和 Kenny（1986）以及温忠麟和叶宝娟（2014）提出的中介效应检验程序，探究处置资产对资产配置效率的影响路径和作用机制。

本书设定的计量模型为：

$$ROE = \alpha_0 + \alpha AD + \sum_{i=1}^{6} \alpha_i Control + \varepsilon_1 \tag{4.4}$$

$$MV = \beta_0 + \beta AD + \sum_{i=1}^{6} \beta_i Control + \varepsilon_2 \tag{4.5}$$

$$ROE = \gamma_0 + \gamma AD + \lambda MV + \sum_{i=1}^{6} \gamma_i Control + \varepsilon_3 \tag{4.6}$$

其中，*ROE* 为衡量上市公司资产配置效率的替代变量；*AD* 为衡量资产处置行为的变量，主要包括：*RAC* 为衡量资产金额变动的变量、*NCAD* 为衡量资产处置损益的变量、ADRC 为处置资产收回的现金净额；*MV* 为中介变量，主要包括：*NCAT* 为衡量资产营运能力的变量、*EP* 为衡量盈余持续性的变量、*CASH* 为衡量现金持有水平的变量；*Control* 为一系列控制变量。

系数 $\alpha$ 为资产处置行为（AD）对资产配置效率（ROE）的总效应；系数 $\beta$ 为资产处置行为（AD）对中介变量（MV）的效应；系数 $\lambda$ 是在控制了资产处置行为（AD）的影响后，中介变量（MV）对资产配置效率（ROE）的效应；系数 $\gamma$ 是在控制了中介变量（MV）的影响后，资产处置行为（AD）对资产配置效率（ROE）的直接效应。$\alpha_0$、$\beta_0$ 和 $\gamma_0$ 为各模型的截距项；$\alpha_i$、$\beta_i$ 和 $\gamma_i$ 为各模型中控制变量的系数；$\varepsilon_1$、$\varepsilon_2$ 和 $\varepsilon_3$ 是各模型的误差项。

1. 被解释变量。净资产收益率作为盈利能力的核心指标之一，是企业资产配置效率的具体体现，因此本书借鉴严武和王辉（2011）的思路，选取净资产收益率（ROE）作为衡量资产配置效率的指标。无论处置动因还是影响路径都采用财务指标，在本书中，财务类指标能够恰当地反映资产配置效率。

2. 解释变量。处置资产会带来三方面的影响。首先，引起资产数量的增减变化，用非流动资产变动率（TCA）表示；其次，资产处置会引起资产处置损益的发生，用非流动资产处置损益（NCAD）表示；最后，处置资产会引起资产的减少和现金流量的增加，用现金流量表中处置固定资产、无形资产和其他长期资产收到的现金净额（ADRC）来表示。

3. 中介变量。资产处置行为的发生引起资产金额的增减变化，从而会影响资产营运能力（NCAT）的变动；资产处置产生处置损益，对盈余的持续性（EP）有较大影响，即盈余质量发生变动；资产处置会影响现金持有水平（CASH）的变化，从而会影响资产配置效率。本书以非流动资产周转率作为衡量资产营运能力的替代变量。借鉴宋建波等（2012）的方法，公司的主营业务利润作为永久性盈余，以主营业务利润占利润总额的比重作为盈余持续性的替代变量，以现金及现金等价物的持有金额作为现金持有水平的替代变量。

4. 控制变量。借鉴已有相关研究（宋建波等，2012；肖华和张国清，2013），本书采用的控制变量包括企业成长性（GROWTH）、财务杠杆（LEV）、公司规模（SIZE）、第一大股东持股比例（TOP1）、股权制衡度（BALANCE）、独立董事规模（INDBOARD）、公司上市时间（AGE），同时在后面的回归分析中，分别控制行业和年度虚拟变量。

各变量具体定义如表 4－3 所示。

### 三、中介效应检验流程

中介效应在许多领域都有广泛的应用，它可以分析变量之间影响的过程和机制，相对于回归分析，能够得到比较深入的结果。本书借鉴温忠麟等（2014）的检验流程对其分步骤进行检验。

**表 4-3　资产配置效率模型的主要变量定义及说明**

| 变量名称 | 符号 | 变量说明 |
|---|---|---|
| 资产配置效率 | ROE | 用净资产收益率来衡量 |
| 资产变动率 | RCA | （期末非流动资产总额 - 期初非流动[①]资产总额）/期初非流动资产资产总额 |
| 资产处置损益 | NCAD | 资产[②]处置损益/期初资产总额 |
| 处置资产收到的现金 | ADRC | 处置固定资产、无形资产、其他长期资产所收回的现金 |
| 资产营运能力 | NCAT | 营业收入/（期初非流动资产 + 期末非流动资产）/2 |
| 盈余持续性 | EP | 营业毛利/利润总额 |
| 现金持有水平 | CASH | 现金及现金等价物的增加额/期初资产总额 |
| 成长性 | GROWTH | （$t$ 年营业收入 - $t-1$ 年营业收入）/$t-1$ 年营业收入 |
| 财务杠杆 | LEV | 负债总额/资产总额 |
| 公司规模 | SIZE | 总资产的自然对数 |
| 独立董事规模 | INDBOARD | 独立董事人数/董事会人数 |
| 股权集中度 | TOP1 | 公司第一大股东持股比例 |
| 股权制衡度 | BALANCE | 第一大股东持股比例与第二大股东持股比例之比 |
| 上市年限 | AGE | 企业上市年数 |

第一步，检验系数 $\alpha$，若该系数显著，按中介效应立论；若该系数不显著，按遮掩效应立论，但无论系数 $\alpha$ 是否显著，都应进行后续检验。

第二步，依次检验模型（2）的系数 $\beta$ 和模型（3）的系数 $\lambda$，如果两者都显著，表明中介效应显著，转到第四步；如果至少有一个系数不显著，进行第三步。

① 此处的非流动资产分别代表经营类资产、长期股权投资和金融资产。

② 此处的资产分别代表经营类资产、长期股权投资和金融资产。

第三步，用 Bootstrap 法直接检验 $\beta$ 与 $\lambda$ 的乘积。若原假设 $\beta\lambda=0$ 显著，则间接效应显著，进入第四步；若间接效应不显著，则停止分析。

第四步，检验模型（3）的系数 $\gamma$，如果不显著，则直接效应不显著，说明只有中介效应。如若显著，则直接效应显著，进入步骤五。

第五步，比较 $\beta\lambda$ 和 $\gamma$ 的符号，如果同号，属于部分中介效应，中介效应占总效应的比例为 $\beta\lambda/\alpha$。如果异号，属于遮掩效应，间接效应占直接效应的比例为绝对值 $|\beta\lambda/\alpha|$。

具体检验程序见图 4－2 中介效应检验流程。

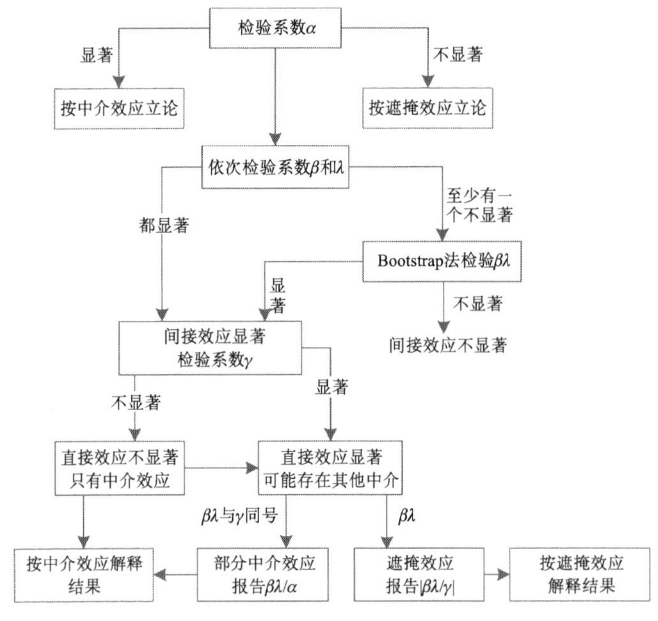


**图 4－2　中介效应检验流程**

资料来源：温忠麟，叶宝娟：“中介效应分析：方法和模型发展”，《心理科学进展》，2014 年第 5 期。

## 第四节　实证分析

### 一、描述性统计

（一）企业资产处置因素模型的描述性统计

表4－4为企业资产处置因素模型的主要变量描述性统计结果，由此可知：

关于被解释变量，经营类资产处置损益（NCAD）的25分位数和75分位数分别为－0.0003和0.0258，说明样本中既有经营类资产处置收益，也有经营类资产处置损失，均值为0.0031，样本总体上体现为经营类资产处置收益。

在解释变量中，衡量宏观经济因素的GDP同比增加率（ECYC）的均值和中位数分别为0.1411和0.1044，均值高于中位数，说明多数年份GDP增长率低于平均水平；衡量行业盈利状况的营业利润行业标准差（OPESD）的最大值和最小值分别为43.1674和0.1434，标准差为10.8182，说明行业盈利水平的离散程度较高，上市公司行业盈利能力差别较大；衡量行业现金流波动的现金持有水平行业标准差（CASHSD）的均值和中位数分别为0.2336和0.2434，均值和中位数相差不大；在样本上市公司中有23.59%的上市公司具有行业周期性，有11.33%的上市公司属于管制性行业；上市公司规模（Size）的均值和中位数约为13亿元（对数分别为21.8614和21.6973），最小值为19.1682，最大值为26.6082，标准差也较大，说明公司间规模也存在大幅差异；衡量企业财务风险的资产负债率（LEV）的均值和中位数分别为0.4573和0.4556，最大值和最小值分别为

1.1612 和 0.0467，大多数上市公司资产负债率在 0.5 以下，说明样本上市公司在统计分布接近正态分布的特征，但是极差较大，财务风险在样本上市公司间的差别较大；上市公司年限（AGE）最长约为 24 年（对数为 3.1781），平均上市年限约为 12 年（对数为 2.4412），样本中多数上市公司高于平均上市年限；衡量财务健康状况的 Z - score 的均值和中位数分别为 1.4341 和 1.3726，均值大于中位数，说明多数上市公司的财务健康状况低于平均水平。

在控制变量中，独立董事比例（INDBOARD）的均值和中位数分别为 36.9% 和 33.33%，多数上市公司符合中国证监会对独立董事人数的相关规定；第一大股东持股比例（TOP1）的均值和中位数分别为 35.9419% 和 34.0157%，均值大于中位数，说明大多数上市公司的第一大股东持股比例低于平均水平；股权制衡度（BALANCE）均值和中位数分别为 13.3471 和 4.4797，均值大于中位数，说明大多数上市公司的股权制衡度低于平均水平，且最大值和最小值差别较大，标准差也很大，说明上市公司的股权制衡度存在很大差别。



**表 4-4　企业资产处置影响因素模型的主要变量描述性统计**

| 变量 | 样本量 | 均值 | 标准差 | 25 分位数 | 中值 | 75 分位数 | 最小值 | 最大值 |
|---|---|---|---|---|---|---|---|---|
| NCAD | 17437 | 0.0031 | 0.0128 | -0.0003 | 0 | 0.0258 | -0.0112 | 0.0903 |
| ECYC | 17437 | 0.1413 | 0.0497 | 0 | 0.1044 | 0.1832 | 0.0819 | 0.2315 |
| OPESD | 17437 | 6.785 | 10.8182 | 1 | 1.7912 | 4.5938 | 0.1434 | 43.1674 |
| CASHSD | 17437 | 0.2336 | 0.0871 | 0 | 0.2434 | 0.2924 | 0.0731 | 0.4512 |
| CYCIND | 17437 | 0.2359 | 0.4246 | 0 | 0 | 0 | 0 | 1 |
| REGIND | 17437 | 0.1133 | 0.317 | 0 | 0 | 0 | 0 | 1 |
| SIZE | 17437 | 21.8614 | 1.2777 | 21 | 21.6973 | 22.5729 | 19.1682 | 26.6082 |

续表

| 变量 | 样本量 | 均值 | 标准差 | 25 分位数 | 中值 | 75 分位数 | 最小值 | 最大值 |
|---|---|---|---|---|---|---|---|---|
| LEV | 17437 | 0.4573 | 0.2243 | 0 | 0.4556 | 0.6218 | 0.0467 | 1.1612 |
| AGE | 17437 | 2 | 0.6239 | 2 | 2.6391 | 2.9444 | 0 | 3.1781 |
| ZSCORE | 17437 | 1.4341 | 3.3381 | 0.812 | 1.3726 | 2.0126 | -260.00 | 44.5616 |
| LCYC | 17437 | 2 | 0.9385 | 1 | 2 | 3 | 1 | 3 |
| INDBOARD | 17437 | 0.369 | 0.0542 | 0.3333 | 0.3333 | 0.4 | 0.0909 | 0.8 |
| TOP1 | 17437 | 35.9419 | 15.2847 | 23.6144 | 34.0157 | 47.1004 | 8.7869 | 75.4198 |
| BALANCE | 17437 | 13.3471 | 23.6819 | 1.9333 | 4.4797 | 13.005 | 1.0048 | 148.5245 |

（二）资产配置效率模型的描述性统计

表4-5为资产配置效率模型的主要变量描述性统计结果，由此可知：

在被解释变量中，衡量资产配置效率的净资产收益率（ROE）的均值和中位数分别为0.0727和0.078，二者相差不大，数据接近正态分布，标准差为0.1384，最大值和最小值分别为0.4394和-0.6878，标准差大于均值，并且极差较大，说明资产配置效率的离散程度较高，上市公司盈利能力差别较大。

在解释变量中，非流动资产变动率（RCA）的均值和中位数分别为21.81%和10.88%，最大值和最小值分别为-32.5%和253.06%，均值高于中位数，说明多数公司非流动资产变动率低于平均水平，公司非流动资产变动率差别较大；非流动资产处置损益（NCAD）的25分位数和75分位数分别为-0.0003和0.258，说明样本中既有经营类资产处置收益，也有经营类资产处置损失，均值为0.0031，样本总体上体现为经营类资产处置收益；处置资产收到的现金（ADRC）均值和中位数分别为0.0061和0.0002，均值高于中位数，说明多数上市公司处置资产收到的现金小于平均水平。

在中介变量中，非流动资产周转率（NCAT）的增值和中位数分别为 2. 2649 和 1. 5693，最大值和最小值分别为 0. 1085 和 20. 3319，均值高于中位数，说明多数公司非流动资产周转率低于平均水平，且公司之间周转率存在较大差别；盈余持续性（EP）和现金持有水平（CASH）样本分布状况与非流动资产周转率相类似，不再赘述。

在控制变量中，衡量企业财务风险的资产负债率（LEV）的均值和中位数分别为 0. 4573 和 0. 4556，最大值和最小值分别为 1. 1612 和 0. 0467，大多数上市公司资产负债率在 0. 5 以下，说明样本上市公司在统计分布接近正态分布的特征，但是极差较大，财务风险在样本上市公司间的差别较大；上市公司规模（Size）的均值和中位数约为 13 亿元（对数分别为 21. 8612 和 21. 6974），最小值为 19. 1682，最大值为 26. 6082，标准差也较大，说明公司间规模也存在大幅差异；衡量公司成长性的营业收入增加率（GROWTH）的均值和中位数分别为 0. 185 和 0. 1124，均值大于中位数，标准差为 0. 185，最大值和最小值分别为 3. 1881 和 -0. 6002，标准差大于均值，并且极差较大，说明成长性的离散程度较高，上市公司的成长性存在较大差别；独立董事比例（INDBOARD）的均值和中位数分别为 0. 369 和 0. 3333，多数上市公司符合中国证监会对独立董事人数的相关规定；第一大股东持股比例（TOP1）的均值和中位数分别为 35. 9446 和 34. 0159，均值大于中位数，说明大多数上市公司的第一大股东持股比例低于平均水平；股权制衡度（BALANCE）均值和中位数分别为 13. 3448 和 4. 4797，均值大于中位数，说明大多数上市公司的股权制衡度低于平均水平，且最大值和最小值差别较大，标准差也很大，说明上市公司的股权制衡度存在很大差别；上市公司年限（AGE）最长约为 24 年（对数为 3. 1781），平均上市年限约为 12 年（对数为 2. 4412），样本中多数上市公司高于平均上市年限。

表 4 – 5　资产配置效率模型的主要变量描述性统计

| 变量 | 样本量 | 均值 | 标准差 | 25 分位数 | 中位数 | 75 分位数 | 最小值 | 最大值 |
|---|---|---|---|---|---|---|---|---|
| ROE | 18535 | 0.0727 | 0.1384 | 0.0308 | 0.078 | 0.131 | –0.6878 | 0.4394 |
| RCA | 18535 | 0.2181 | 0.4174 | 0.0151 | 0.1088 | 0.258 | –0.325 | 2.5306 |
| NCAD | 18535 | 0.0031 | 0.0129 | –0.0003 | 0 | 0.0006 | –0.0112 | 0.0903 |
| ADRC | 18535 | 0.0061 | 0.0182 | 0 | 0.0002 | 0.0022 | 0 | 0.1247 |
| NCAT | 18535 | 2.4649 | 2.9972 | 0.8556 | 1.5693 | 2.8296 | 0.1085 | 20.3319 |
| EP | 18535 | 3.702 | 5.5008 | 1.5788 | 2.4051 | 4.038 | –7.9144 | 36.605 |
| CASH | 18535 | 0.0577 | 0.252 | –0.0336 | 0.0062 | 0.0588 | –0.2481 | 1.652 |
| LEV | 18535 | 0.4573 | 0.2244 | 0.2838 | 0.4556 | 0.6219 | 0.0467 | 1.1612 |
| SIZE | 18535 | 21.8612 | 1.2779 | 20.9521 | 21.6974 | 22.5741 | 19.1682 | 26.6082 |
| GROWTH | 18535 | 0.185 | 0.4725 | –0.0309 | 0.1124 | 0.277 | –0.6002 | 3.1881 |
| INDBOARD | 18535 | 0.369 | 0.0542 | 0.3333 | 0.3333 | 0.4 | 0.0909 | 0.8 |
| TOP1 | 18535 | 35.9446 | 15.2934 | 23.6137 | 34.0159 | 47.1004 | 8.7869 | 75.4198 |
| BALANCE | 18535 | 13.3448 | 23.677 | 1.9323 | 4.4797 | 13.0058 | 1.0048 | 148.5245 |
| AGE | 18535 | 2.4424 | 0.6239 | 1.9459 | 2.6391 | 2.9444 | 0 | 3.1781 |

## 二、相关性分析

（一）企业资产处置因素模型的相关系数

表 4 – 6 为资产配置影响因素模型的主要变量相关系数。资产处置损益（NCAD）与 GDP 同比增长率（ECYC）、营业利润行业标准差（OPESD）、现金持有水平行业标准差（CASHSD）、行业周期性（CYCIND）以及公司规模（SIZE）和财务健康指数（ZSCORE）在 1% 的水平上显著负相关；与行业管制（REGIND）、公司风险水平（LEV）和公司上市年限（AGE）在 1% 的水平上显著正相关。从相关系数值的大小来看，大多数变量之间的相关系数大都小于 0.5，低于共线性的一般门槛值 0.7，表明模型各变量的选取较为合理，不存在严重共线性的问题。

表 4-6　　企业资产处置影响因素模型的主要变量相关系数

| 变量 | NCAD | ECYC | OPESD | CASHSD | CYCIND | REGIND | SIZE | LEV | AGE | ZSCORE | LCYC |
|---|---|---|---|---|---|---|---|---|---|---|---|
| NCAD | 1 | | | | | | | | | | |
| ECYC | -0.015* | 1 | | | | | | | | | |
| OPESD | -0.023*** | -0.007 | 1 | | | | | | | | |
| CASHSD | -0.041*** | -0.055*** | -0.020*** | 1 | | | | | | | |
| CYCIND | -0.012 | 0.014* | -0.198*** | -0.465*** | 1 | | | | | | |
| REGIND | 0.015** | 0.002 | -0.162*** | -0.404*** | 0.643*** | 1 | | | | | |
| SIZE | -0.089*** | -0.126*** | -0.042*** | -0.332*** | 0.301*** | 0.248*** | 1 | | | | |
| LEV | 0.066*** | 0.072*** | 0.004 | -0.334*** | 0.181*** | 0.183*** | 0.378*** | 1 | | | |
| AGE | 0.148*** | 0.230*** | -0.043*** | -0.337*** | 0.162*** | 0.185*** | 0.196*** | 0.421*** | 1 | | |
| ZSCORE | -0.097*** | -0.027*** | -0.008 | 0.081*** | -0.060*** | -0.053*** | 0.037*** | -0.246*** | -0.154*** | 1 | |
| LCYC | -0.072*** | -0.042*** | -0.0110 | -0.016** | 0.019** | 0.028*** | 0.134*** | -0.029*** | -0.214*** | 0.149*** | 1 |

注：*** 表示在 1% 的水平上显著；** 表示在 5% 的水平上显著；* 表示在 10% 的水平上显著。下同。

（二）资产配置效率模型的相关系数

表 4-7 为资产配置效率模型的主要变量相关系数，从报告的数据可以得出，净资产收益率（ROE）与资产营运能力（NCAT）、盈余持续性（EP）和现金持有水平（CASH）在 1% 的水平上显著相关；净资产收益率（ROE）与风险水平（LEV）在 1% 的水平显著负相关，与资产规模（SIZE）和成长性（GROWTH）在 1% 的水平显著正相关。从相关系数值的大小来看，大多数变量之间的相关系数小于 0.5，低于共线性的一般门槛值 0.7，表明模型各变量的选取较为合理，不存在严重共线性的问题。

## 三、回归结果

（一）影响企业资产处置因素的回归结果

1. 宏观经济波动影响资产处置行为。表 4-8 宏观经济波动影响资产处置行为的回归结果，分别检验了宏观经济因素对不同生命周期企业资产处置行为的影响。回归方程调整后的可决系数约为 4.5%，F 值分别为 66.31、36.75、16.09 和 26.16，相伴概率 p 值均接近于 0，表明回归方程的设定相当合理。下面采用“OLS + 稳健标准误”的方法，可以有效避免因异方差导致的标准误偏差[①]。根据该回归结果可知，在控制了公司财务状况和公司治理因素之后，在全样本上市公司中，资产处置损益（NCAD）与 GDP 同比增长率（ECYC）的回归系数为 -0.0104，对应的 t 值分别为 -4.91，在 1% 的水平上显著负相关，说明在宏观经济发展良好的情况下，上市公司较少发生资产处置行为；

① 回归分析后，进行了怀特检验，检验结果显示，p 值等于 0.0000，强烈拒绝同方差的原假设。

表 4 – 7　资产配置效率模型的主要变量相关系数

| 变量 | ROE | RCA | NCAD | ADRC | NCAT | EP | CASH | LEV | SIZE | GROWTH |
|---|---|---|---|---|---|---|---|---|---|---|
| ROE | 1 | | | | | | | | | |
| RCA | 0.235*** | 1 | | | | | | | | |
| NCAD | 0.014* | -0.051*** | 1 | | | | | | | |
| ADRC | -0.044*** | -0.066*** | 0.489*** | 1 | | | | | | |
| NCAT | 0.191*** | 0.152*** | -0.042*** | -0.063*** | 1 | | | | | |
| EP | -0.032*** | -0.082*** | -0.021*** | -0.016** | 0.0120 | 1 | | | | |
| CASH | 0.132*** | 0.776*** | -0.0110 | -0.00300 | 0.141*** | -0.065*** | 1 | | | |
| LEV | -0.187*** | -0.192*** | 0.067*** | 0.072*** | 0.091*** | 0.092*** | -0.196*** | 1 | | |
| SIZE | 0.125*** | -0.022*** | -0.090*** | -0.106*** | 0.032*** | 0.024*** | -0.093*** | 0.377*** | 1 | |
| GROWTH | 0.220*** | 0.237*** | -0.023*** | -0.030*** | 0.148*** | -0.044*** | 0.092*** | 0.029*** | 0.054*** | 1 |

在成长期和衰退期的样本中，资产处置损益（NCAD）与GDP同比增长率（ECYC）的回归系数分别为-0.0144和-0.0055，对应的t值分别为-4.09和-2，分别在1%和5%的水平上显著负相关；在成熟期的样本中，资产处置损益（NCAD）与GDP同比增长率（ECYC）无显著相关关系。回归结果表明，整体而言，宏观经济波动会对企业资产处置产生影响，在生命周期的不同阶段，尤其是成长期和衰退期的上市公司，该影响更为显著。

控制变量中，在样本回归分析中，企业规模（SIZE）、财务健康指数（ZSCORE）和股权集中度（TOP1）与资产处置损益之间呈负相关关系，企业规模越大，财务健康指数越高，管理越规范，股权集中在第一大股东手中，企业越少处置资产。资产负债率（LEV）、上市年限（AGE）、独立董事持股比例（INDBOARD）、股权制衡度（BALANCE）和上市年限（AGE）与资产配置效率呈正相关关系，财务风险越高，上市年限越长，独立董事的比例越高，越有可能处置企业资产。成长期和衰退期的样本回归结果与全样本基本一致，在成熟期样本中，除公司规模和上市年限外，宏观因素、公司财务状况及内部治理因素影响都不显著。



表4-8　　宏观经济波动与资产处置行为

| 变量 | 全样本 | 成长期 | 成熟期 | 衰退期 |
|---|---|---|---|---|
| ECYC | -0.0104*** | -0.0144*** | -0.00656 | -0.00550** |
| | (-4.91) | (-4.09) | (-1.33) | (-2.00) |
| SIZE | -0.00127*** | -0.00152*** | -0.000980*** | -0.000845*** |
| | (-10.87) | (-8.16) | (-3.36) | (-5.33) |
| LEV | 0.00216*** | 0.00256** | 0.00155 | 0.000802 |
| | (2.86) | (2.22) | (0.88) | (0.80) |

续表

| 变量 | 全样本 | 成长期 | 成熟期 | 衰退期 |
|---|---|---|---|---|
| AGE | 0.00312*** | 0.00412*** | 0.00262*** | 0.00230*** |
| | (16.64) | (12.72) | (5.46) | (8.75) |
| ZSCORE | -0.000223*** | -0.000117 | -0.000398 | -0.000304*** |
| | (-2.74) | (-0.91) | (-1.31) | (-6.92) |
| INDBOARD | 0.00452*** | 0.00641** | 0.000180 | 0.00361 |
| | (2.66) | (2.17) | (0.05) | (1.59) |
| TOP1 | -3.43e-05*** | -4.34e-05*** | 2.09e-05 | -3.93e-05*** |
| | (-5.14) | (-3.93) | (1.27) | (-4.10) |
| BALANCE | 9.72e-06** | 2.99e-06 | -4.82e-06 | 2.58e-05** |
| | (2.10) | (0.52) | (-0.52) | (2.50) |
| CONSTANT | 0.0235*** | 0.0266*** | 0.0174*** | 0.0164*** |
| | (10.20) | (7.22) | (3.03) | (5.16) |
| N | 17437 | 7619 | 2912 | 6906 |
| Adj-$R^2$ | 0.045 | 0.046 | 0.029 | 0.041 |
| F 值 | 66.31 | 36.75 | 16.09 | 26.16 |

2. 行业因素影响资产处置行为。表4-9为行业因素影响资产处置行为的回归结果，分别检验了行业因素对不同生命周期企业资产处置行为的影响，回归方程调整后的可决系数约为4.5%，F值分别为49.63、26.86、14.89和20.35，相伴概率p值均接近于0，表明回归方程的设定合理。

根据该回归结果可知，在控制了公司财务状况和公司治理因素之后，在全样本上市公司中，资产处置损益（NCAD）与营业利润行业标准差（OPESD）、现金持有水平行业标准差（CASHSD）、行业周期性（CYCIND）的回归系数分别为-0.00033、-0.0052和-0.00099，对应的t值分别为-3.79、-3.74和-3.46，均在1%的水平上显著负相关，与行业管制（REGIND）的回归系数为0.000740，t值为1.95，在10%的水平上显著正相关，说明行业盈利状况越好，现金流越充足，不具有行业周期的上市公司，发生资产处置行为的概率较低，而属于行业管制的上市公司则较有可能发生处置资产的行为。在成长期和衰退期的样本中，资产处置损益（NCAD）与营业利润行业标准差（OPESD）、现金持有水平行业标准差（CASHSD）、行业周期性（CYCIND）的回归系数分别在1%和5%的水平上显著负相关；资产处置损益（NCAD）与行业管制（REGIND）的回归系数仅在衰退期样本中具有显著正相关关系；在成熟期的样本中，资产处置损益（NCAD）与营业利润行业标准差（OPESD）、现金持有水平行业标准差（CASHSD）、行业周期性（CYCIND）和行业管制（REGIND）均无显著相关关系。回归结果表明，总体而言，行业因素会影响企业资产处置行为，在生命周期的不同阶段，行业因素的影响有较大差异。具体而言，在成长期和衰退期的上市公司中，行业盈利水平、现金流量的波动性和行业周期性对企业资产处置行为的影响较为显著，对成熟期的上市公司并无显著影响；在衰退期的上市公司中，受管制行业的上市公司更易发生处置资产的行为。控制变量回归结果与上文保持一致，不再赘述。



**表4-9　　行业因素与资产处置行为**

| 变量 | 全样本 | 成长期 | 成熟期 | 衰退期 |
|---|---|---|---|---|
| OPESD | -3.30e-05*** | -3.53e-05** | -1.62e-05 | -3.61e-05*** |
| | (-3.79) | (-2.36) | (-0.94) | (-3.09) |
| CASHSD | -0.00520*** | -0.00618*** | 0.000262 | -0.00543*** |
| | (-3.74) | (-2.64) | (0.07) | (-3.02) |
| CYCIND | -0.000999*** | -0.00112** | -4.17e-06 | -0.00124*** |
| | (-3.46) | (-2.21) | (-0.01) | (-3.58) |

续表

| 变量 | 全样本 | 成长期 | 成熟期 | 衰退期 |
|---|---|---|---|---|
| REGIND | 0.000740* | 0.000632 | 0.000340 | 0.000868* |
| | (1.95) | (1.01) | (0.30) | (1.70) |
| SIZE | -0.00122*** | -0.00142*** | -0.000916*** | -0.000821*** |
| | (-10.32) | (-7.55) | (-3.26) | (-5.15) |
| LEV | 0.00181** | 0.00241** | 0.00135 | 0.000281 |
| | (2.39) | (2.08) | (0.77) | (0.27) |
| AGE | 0.00272*** | 0.00356*** | 0.00241*** | 0.00202*** |
| | (15.81) | (11.38) | (5.26) | (8.69) |
| ZSCORE | -0.000230*** | -0.000119 | -0.000427 | -0.000310*** |
| | (-2.81) | (-0.91) | (-1.38) | (-7.25) |
| INDBOARD | 0.00460*** | 0.00681** | 0.000155 | 0.00333 |
| | (2.68) | (2.28) | (0.04) | (1.44) |
| TOP1 | -4.03e-05*** | -4.87e-05*** | 1.76e-05 | -4.43e-05*** |
| | (-5.99) | (-4.38) | (1.08) | (-4.57) |
| BALANCE | 1.01e-05** | 2.78e-06 | -4.09e-06 | 2.58e-05** |
| | (2.18) | (0.48) | (-0.44) | (2.50) |
| CONSTANT | 0.0238*** | 0.0259*** | 0.0158*** | 0.0180*** |
| | (9.77) | (6.55) | (2.77) | (5.45) |
| N | 17437 | 7619 | 2912 | 6906 |
| Adj-$R^2$ | 0.045 | 0.046 | 0.029 | 0.043 |
| F值 | 49.63 | 26.86 | 14.89 | 20.35 |



3. 企业微观因素影响资产处置行为。表4-10为企业微观因素影响资产处置行为的回归结果，分别检验了微观因素对不同生命周期企业资产处置行为的影响。回归方程调整后的可决系数约为4.5%，F值分别为75.15、41.01、16.78和30，相伴概率p值均接近于0，表明回归方程的设定比较合理。

根据该回归结果可知，在控制了公司治理因素之后，在全样本上市公司中，资产处置损益（NCAD）与公司规模（SIZE）和财务健康指数（Z - score）的回归系数分别为 - 0.00118 和 - 0.000228，对应的 T 值分别为 - 10.6 和 - 2.78，均在 1% 的水平上显著负相关，与公司风险水平（LEV）和公司上市年限（AGE）的回归系数为 0.00204 和 0.0029，对应的 T 值为 2.71 和 16.58，在 1% 的水平上显著正相关，说明公司规模越大，财务状况越好，发生资产处置行为的概率较低，而公司财务风险越高，上市年限越长，越有可能发生处置资产的行为。在成长期样本中，资产处置损益（NCAD）与公司规模（SIZE）的回归系数在 1% 的水平上显著负相关，与公司风险水平（LEV）和公司上市年限（AGE）的回归系数分别在 1% 和 5% 的水平上显著正相关，与财务健康指数（Z - score）不具有显著相关关系。在成熟期样本中，资产处置损益（NCAD）与公司规模（SIZE）的回归系数在 1% 的水平上显著负相关，与公司上市年限（AGE）的回归系数分别在 1% 的水平上显著正相关，与公司风险水平（LEV）和财务健康指数（Z - score）不具有显著相关关系。在衰退期样本中，资产处置损益（NCAD）与公司规模（SIZE）和财务健康指数（Z - score）的回归系数均在 1% 的水平上显著负相关，与公司上市年限（AGE）的回归系数分别在 1% 的水平上显著正相关，与公司风险水平（LEV）不具有显著相关关系。回归结果表明，总体而言，公司财务状况会影响企业资产处置行为，在生命周期的不同阶段，公司财务状况的影响有较大差异，具体而言，公司规模和上市年限对成长期、成熟期和衰退期的上市公司的资产处置行为有显著影响，财务风险水平仅对成长期的上市公司的资产处置行为有显著影响，而财务健康状况仅对衰退期的上市公司的资产处置行为有显著影响。控制变量回归结果与上文保持一致。

表 4-10　　企业微观因素与资产处置行为

| 变量 | 全样本 | 成长期 | 成熟期 | 衰退期 |
|---|---|---|---|---|
| SIZE | -0.00118*** | -0.00140*** | -0.000909*** | -0.000793*** |
| | (-10.60) | (-7.85) | (-3.38) | (-5.22) |
| LEV | 0.00204*** | 0.00246** | 0.00136 | 0.000725 |
| | (2.71) | (2.13) | (0.77) | (0.72) |
| AGE | 0.00290*** | 0.00383*** | 0.00245*** | 0.00217*** |
| | (16.58) | (12.34) | (5.78) | (8.91) |
| ZSCORE | -0.000228*** | -0.000120 | -0.000421 | -0.000307*** |
| | (-2.78) | (-0.91) | (-1.37) | (-7.06) |
| INDBOARD | 0.00494*** | 0.00716** | 0.000339 | 0.00380* |
| | (2.90) | (2.41) | (0.09) | (1.67) |
| TOP1 | -3.82e-05*** | -4.74e-05*** | 1.88e-05 | -4.20e-05*** |
| | (-5.77) | (-4.31) | (1.17) | (-4.41) |
| BALANCE | 1.01e-05** | 2.90e-06 | -4.63e-06 | 2.62e-05** |
| | (2.18) | (0.50) | (-0.50) | (2.54) |
| CONSTANT | 0.0207*** | 0.0226*** | 0.0154*** | 0.0148*** |
| | (9.72) | (6.69) | (3.04) | (4.97) |
| N | 17437 | 7619 | 2912 | 6906 |
| $Adj-R^2$ | 0.044 | 0.044 | 0.028 | 0.041 |
| F 值 | 75.15 | 41.01 | 16.78 | 30 |

（二）影响资产配置效率模型的回归结果

1. 中介变量与资产配置效率的回归分析——以经营类资产为例。表 4-11 为中介变量与资产配置效率的回归，分别检验了资产营运能力、盈余持续性和现金持有水平对资产配置效率的影响。回归方程调整后的可决系数分别为 54.8%、54.6% 和 54.3%，F 值分别为 116.5、101.55 和 103.9，相伴概率 p 值均接近于0，表明回归方程的设定相当合理。在下文的回归中，采用“OLS+稳健标准误”的方法，有效地避免了因异方差导致的标准误偏差①。根据该回归结果可知，在控制了行业和年度变量之后，净资产收益率（ROE）对资产营运能力（NCAT）、盈余持续性（EP）和现金持有水平（CASH）的回归系数分别为0.00722、0.000987和0.0291，对应的t值分别为20.97、7.64和7.19，均在1%的显著性水平上与ROE呈正相关。此回归结果表明，加快资产周转速度，提高盈余持续性和现金持有水平均有利于资产配置效率的提高。

控制变量中，企业规模（SIZE）、成长性（GROWTH）和股权集中度（TOP1）与资产配置效率之间呈正相关关系，资产负债率（LEV）、独立董事持股比例（INDBOARD）、股权制衡度（BALANCE）和上市年限（AGE）与资产配置效率呈负相关。

**表4-11 中介变量与资产配置效率的回归——经营类资产**

| 变量 | 模型（1） | 模型（1） | 模型（1） |
|---|---|---|---|
| NCAT | 0.00722*** | | |
| | (20.97) | | |
| EP | | 0.000987*** | |
| | | (7.64) | |
| CASH | | | 0.0291*** |
| | | | (7.19) |
| LEV | -0.184*** | -0.175*** | -0.170*** |
| | (-35.79) | (-33.63) | (-32.59) |



① 回归分析后，进行了怀特检验。检验结果显示，p值等于0.0000，强烈拒绝同方差的原假设。

续表

| 变量 | 模型（1） | 模型（1） | 模型（1） |
|---|---|---|---|
| SIZE | 0.0247*** | 0.0252*** | 0.0251*** |
| | (27.33) | (27.57) | (27.51) |
| GROWTH | 0.0507*** | 0.0565*** | 0.0554*** |
| | (24.44) | (27.28) | (26.72) |
| INDBOARD | -0.0494*** | -0.0593*** | -0.0598*** |
| | (-2.80) | (-3.32) | (-3.35) |
| TOP1 | 0.000483*** | 0.000613*** | 0.000617*** |
| | (6.75) | (8.49) | (8.56) |
| BALANCE | -0.000250*** | -0.000278*** | -0.000272*** |
| | (-7.57) | (-8.32) | (-8.13) |
| AGE | -0.00993*** | -0.0149*** | -0.0129*** |
| | (-5.21) | (-7.79) | (-6.66) |
| 年度 | 控制 | 控制 | 控制 |
| 行业 | 控制 | 控制 | 控制 |
| Constant | -0.414*** | -0.297*** | -0.302*** |
| | (-6.36) | (-8.86) | (-9.03) |
| N | 17446 | 17446 | 17446 |
| Adj - $R^2$ | 0.548 | 0.546 | 0.543 |
| F值 | 116.65 | 101.55 | 103.9 |

2. 资产处置、资产营运能力与资产配置效率的回归分析——以经营类资产为例。表4-12为经营类资产处置、资产营运能力与资产配置效率的中介效应检验，回归方程调整后的可决系数分别为17.7%、17%和19.3%，F值分别为54.54、117.92和58.68，相伴概率p值均接近于0，表明回归方程的设定合理。

列（1）是对模型（4.4）的回归结果，以净资产收益率

（ROE）为被解释变量，检验了非流动资产变动率对净资产收益率的影响。非流动资产变动率（RCA）的回归系数 $\alpha$ 为 0.0416，在 1% 的水平上呈显著正相关。

列（2）是对模型（4.5）的回归结果，被解释变量为非流动资产周转率（NCAT），解释变量为非流动资产变动率（RCA），其回归系数 $\beta$ 为 0.7，在 1% 的水平上呈显著正相关，表明资产处置引起资产的更新换代，加快了资产的周转。

列（3）是对模型（4.6）的回归分析，模型（4.6）中加入了中介变量资产周转率。结果显示，资产周转率（NCAT）的回归系数 $\lambda$ 为 0.00672，在 1% 的水平上呈显著正相关，说明资产的加速周转有利于资产的更新换代，促进资产配置效率的提高。同时，非流动资产变动率（RCA）的回归系数 $\gamma$ 由 0.7 下降为 0.0369，表明控制了资产周转速度，资产营运能力确实起到了部分中介传导作用。

**表 4－12　经营类资产处置、资产营运能力与资产配置效率**

| 变量 | ROE | NCAT | ROE |
|---|---|---|---|
| | (1) | (2) | (3) |
| RCA | 0.0416*** | 0.700*** | 0.0369*** |
| | (16.33) | (12.58) | (14.58) |
| NCAT | | | 0.00672*** |
| | | | (19.56) |
| LEV | －0.164*** | 1.535*** | －0.174*** |
| | (－31.77) | (13.55) | (－33.75) |
| SIZE | 0.0235*** | 0.0311 | 0.0232*** |
| | (25.78) | (1.56) | (25.66) |
| GROWTH | 0.0486*** | 0.640*** | 0.0441*** |
| | (23.09) | (13.81) | (20.96) |

续表

| 变量 | ROE | NCAT | ROE |
|---|---|---|---|
| | (1) | (2) | (3) |
| INDBOARD | -0.0584*** | -1.043*** | -0.0490*** |
| | (-3.30) | (-2.69) | (-2.80) |
| TOP1 | 0.000750*** | 0.0195*** | 0.000618*** |
| | (10.06) | (11.95) | (8.34) |
| BALANCE | -0.000407*** | -0.00491*** | -0.000375*** |
| | (-8.78) | (-4.84) | (-8.19) |
| AGE | -0.00541*** | -0.518*** | -0.00184 |
| | (-2.72) | (-11.92) | (-0.93) |
| 年度 | 控制 | 控制 | 控制 |
| 行业 | 控制 | 控制 | 控制 |
| Constant | -0.305*** | 1.088 | -0.353*** |
| | (-9.18) | (0.76) | (-5.48) |
| N | 17324 | 17324 | 17324 |
| R-squared | 0.177 | 0.170 | 0.193 |
| F值 | 112.39 | 107.44 | 121.49 |



基于表4-12的回归结果，依据温忠麟等（2014）提出的中介效应检验程序，进一步对资产营运能力的中介效应进行初步判断：

第一，对非流动资产变动率与净资产收益率的关系进行检验，如果非流动资产变动率（RCA）回归系数显著，则按照中介效应立论。由列（1）提供的数据可知，非流动资产变动率系数 $\alpha$ 显著为正，初步定为中介效应，再做进一步检验。

第二，列（2）中非流动资产变动率（RCA）的系数 $\beta$ 和列（3）中资产周转率（NCAT）的系数 $\lambda$ 均显著，因此可以判定资产周转率的间接效应显著。

第三，列（3）中非流动资产变动率（RCA）系数 $\gamma$ 显著，说明资产周转率的直接效应显著。

第四，比较 $\beta\lambda$ 和 $\gamma$ 的符号，两者符号相同，说明资产营运能力的部分中介效应显著。通过比较得出：资产处置通过影响资产营运能力，在对净资产收益率产生影响的过程中起到部分中介传导作用。

3. 资产处置、盈余持续性与资产配置效率——以经营类资产为例。表 4－13 为经营类资产处置、盈余持续性与资产配置效率的中介效应检验，回归方程调整后的可决系数分别为 54.3%、34% 和 54.7%，F 值分别为 106.32、109.22 和 102.62，相伴概率 p 值均接近于 0，表明回归方程的设定比较合理。

列（1）是对模型（4.4）的回归结果，以净资产收益率（ROE）为被解释变量，检验了非流动资产处置损益对净资产收益率的影响，非流动资产处置损益（NCAD）的回归系数 $\alpha$ 为 0.762，在 1% 的水平上显著。

列（2）是对模型（4.5）的回归结果，被解释变量为盈余的持续性（EP），解释变量为非流动资产处置损益（NCAD），其回归系数 $\beta$ 为－12.76，在 1% 的水平上显著为正，表明处置资产产生的非经营性损益越高，盈余的持续性越差。

列（3）是对模型（4.6）的回归分析，模型（4.6）中加入了中介变量盈余持续性。结果显示，盈余持续性（EP）的回归系数 $\lambda$ 为 0.333，在 1% 的水平上呈显著正相关，说明盈余中持续性收益越高，越有利于促进资产配置效率的提高。同时，非流动资产处置损益（NCAD）的回归系数 $\gamma$ 为 0.75（1% 的水平上显著），表明即使控制了盈余持续性，非流动资产处置损益作为暂时性盈余的组成部分，与净资产收益率仍然呈显著正相关。

表 4-13　经营类资产处置、盈余持续性与资产配置效率

| 变量 | ROE | EP | ROE |
|---|---|---|---|
| | (1) | (2) | (3) |
| NCAD | 0.762*** | -12.76*** | 0.750*** |
| | (9.96) | (-3.86) | (9.79) |
| EP | | | 0.333* |
| | | | (1.89) |
| LEV | -0.177*** | 2.538*** | -0.177*** |
| | (-34.21) | (11.36) | (-34.06) |
| SIZE | 0.0262*** | 0.0473 | 0.0261*** |
| | (28.51) | (1.19) | (28.40) |
| GROWTH | 0.0563*** | -0.401*** | 0.0564*** |
| | (27.23) | (-4.49) | (27.30) |
| INDBOARD | -0.0620*** | 0.358 | -0.0616*** |
| | (-3.48) | (0.47) | (-3.46) |
| TOP1 | 0.000726*** | -0.0148*** | 0.000730*** |
| | (9.69) | (-4.57) | (9.74) |
| BALANCE | -0.000442*** | 0.0110*** | -0.000446*** |
| | (-9.50) | (5.46) | (-9.58) |
| AGE | -0.0159*** | 0.282*** | -0.0160*** |
| | (-8.18) | (3.36) | (-8.21) |
| 年度 | 控制 | 控制 | 控制 |
| 行业 | 控制 | 控制 | 控制 |
| Constant | -0.314*** | 0.837 | -0.314*** |
| | (-9.38) | (0.58) | (-9.39) |
| N | 17446 | 17446 | 17446 |
| Adj-$R^2$ | 0.543 | 0.34 | 0.547 |
| F 值 | 106.32 | 109.22 | 102.62 |

基于表 4-13 的回归结果，依据温忠麟等（2014）提出的中介效应检验程序，进一步对盈余持续性的中介效应进行初步判断。

第一，对非流动资产处置损益与净资产收益率的关系进行检

验，如果非流动资产处置损益回归系数显著，则按照中介效应立论，否则按照遮掩效应立论。由列（1）提供的数据可知，非流动资产处置损益（NCAD）系数 $\alpha$ 显著，满足执行中介效应检验程序的前提条件，可以按照中介效应立论。

第二，列（2）中非流动资产处置损益（NCAD）的系数 $\beta$ 和列（3）中盈余持续性（EP）的系数 $\lambda$ 均显著，因此可以判定盈余持续性的间接效应显著。

第三，列（3）中非流动资产处置损益（NCAD）的系数 $\gamma$ 显著，说明非流动资产处置损益的直接效应显著。

第四，比较 $\beta\lambda$ 和 $\gamma$ 的符号，两者符号相同，说明盈余持续性的部分中介效应显著，通过比较得出：资产处置产生的损益影响盈余持续性，也直接对净资产收益率产生影响，但是盈余持续性在处置资产影响净资产收益率的过程中存在遮掩效应①。

4. 资产处置、现金持有水平与资产配置效率——以经营类资产为例。表 4－14 为经营类资产处置、现金持有水平与资产配置效率的中介效应检验，回归方程调整后的可决系数分别为 16.4%、11.8% 和 16.6%，F 值分别为 102.91、70.21 和 101.63，相伴概率 p 值均接近于 0，表明回归方程的设定比较合理。

列（1）是对模型（4.4）的回归结果，以净资产收益率（ROE）为被解释变量，检验了非流动资产处置损益对净资产收益率的影响，处置资产收到的现金（ADRC）的回归系数 $\alpha$ 为 0.119，在 5% 的水平上显著。

列（2）是对模型（4.5）的回归结果，被解释变量为现金

① 比较 $\beta\lambda$ 和 $\gamma$ 的符号，如果同号，属于部分中介效应；如果异号，属于遮掩效应。

持有水平（CASH），解释变量为处置资产收到的现金（ADRC），其回归系数$\beta$为0.318，在1%的水平上显著为正，表明通过处置资产也会带来现金流量的增加。

列（3）是对模型（4.6）的回归分析，模型（4.6）中加入了中介变量现金持有水平。结果显示，现金持有水平（CASH）的回归系数$\lambda$为0.0285，在1%的水平上显著正相关，说明现金持有水平越高，越有利于促进资产配置效率的提高。同时，处置资产收到的现金（ADRC）的回归系数$\gamma$为0.110（5%的水平上显著），表明即使控制了现金持有水平，非流动资产处置损益作为暂时性盈余的组成部分与净资产收益率仍然呈显著正相关。

**表4-14　经营类资产处置、现金持有水平与资产配置效率**

| 变量 | ROE | CASH | ROE |
|---|---|---|---|
| | (1) | (2) | (3) |
| ADRC | 0.119** | 0.318*** | 0.110** |
| | (2.20) | (3.14) | (2.03) |
| CASH | | | 0.0285*** |
| | | | (7.06) |
| LEV | -0.175*** | -0.174*** | -0.170*** |
| | (-33.80) | (-17.81) | (-32.60) |
| SIZE | 0.0254*** | 0.00571*** | 0.0252*** |
| | (27.50) | (3.30) | (27.35) |
| GROWTH | 0.0561*** | 0.0339*** | 0.0552*** |
| | (27.09) | (8.71) | (26.60) |
| INDBOARD | -0.0598*** | 0.00472 | -0.0599*** |
| | (-3.35) | (0.14) | (-3.36) |
| TOP1 | 0.000709*** | -0.000110 | 0.000713*** |
| | (9.44) | (-0.78) | (9.49) |

续表

| 变量 | ROE | CASH | ROE |
| --- | --- | --- | --- |
| | (1) | (2) | (3) |
| BALANCE | -0.000436*** | -0.000307*** | -0.000428*** |
| | (-9.35) | (-3.50) | (-9.17) |
| AGE | -0.0140*** | -0.0674*** | -0.0121*** |
| | (-7.18) | (-18.43) | (-6.14) |
| 年度 | 控制 | 控制 | 控制 |
| 行业 | 控制 | 控制 | 控制 |
| Constant | -0.304*** | 0.172*** | -0.309*** |
| | (-9.04) | (2.73) | (-9.20) |
| N | 17334 | 17334 | 17334 |
| R-squared | 0.164 | 0.118 | 0.166 |
| F值 | 102.91 | 70.21 | 101.63 |

基于表4-14的回归结果，依据温忠麟等（2014）提出的中介效应检验程序，进一步对现金持有水平的中介效应进行初步判断。

第一，对非流动资产处置损益与净资产收益率的关系进行检验，如果非流动资产处置损益回归系数显著，则按照中介效应立论，否则按照遮掩效应立论。由列（1）提供的数据可知，非流动资产处置损益（NCAD）系数 $\alpha$ 显著，满足执行中介效应检验程序的前提条件，可以按照中介效应立论。

第二，列（2）中非流动资产处置损益（NCAD）的系数 $\beta$ 和列（3）中现金持有水平（CASH）的系数 $\lambda$ 均显著，因此可以判定现金持有水平的间接效应显著。

第三，列（3）中非流动资产处置损益（NCAD）系数 $\gamma$ 显著，说明非流动资产处置损益的直接效应显著。

第四，比较 $\beta\lambda$ 和 $\gamma$ 的符号，两者符号相同，说明现金持有水平的部分中介效应显著。通过比较得出：资产处置通过影响现金持有水平，在对净资产收益率产生影响的过程中起到部分中介传导作用。

表 4－15 为经营类资产处置影响资产配置效率的路径及 Sobel 检验结果。资产营运能力和现金持有水平作为中介变量进行 Sobel 检验时，中介效应占总效应的比例分别为 11.33% 和 7.39%，表明资产营运能力和现金持有水平具有显著的部分中介效应。盈余持续性的中介效应占总效应的比例为 0.56%，盈余持续性发挥了遮掩效应。也就是说，资产处置通过影响资产周转速度和现金流量水平，最终影响资产配置效率。资产处置虽然会影响盈余的持续性，也会直接影响到资产配置效率，但盈余持续性并没有发挥中介传导效应。

**表 4－15　经营类资产处置影响资产配置效率的路径及 Sobel 检验**

| 回归系数 / 中介变量 | α | β | γ | λ | Z 值 | 中介效应占总效应比重 | 结论 |
|---|---|---|---|---|---|---|---|
| 资产营运能力 | 显著 | 显著＋ | 显著 | 显著＋ | 10.579*** | 11.33% | 直接效应显著<br>部分中介效应 |
| 盈余持续性 | 显著＋ | 显著－ | 显著＋ | 显著＋ | 1.697 | 0.56% | 直接效应显著<br>遮掩效应 |
| 现金流水平 | 显著＋ | 显著＋ | 显著＋ | 显著＋ | 2.987** | 7.39% | 直接效应显著<br>部分中介效应 |

## 四、进一步回归分析

采用本章第三节（4.4）、（4.5）和（4.6）计量回归模型，被解释变量、中介变量和控制变量如本章第三节所示，不再赘述。解释变量有如下变化。

处置长期股权投资或金融资产会带来三方面的影响。首先，引起资产数量的增减变化，用长期股权投资的变动率或金融资产的变动率表示；其次，资产处置会引起资产处置损益的发生，用长期股权投资处置损益或金融资产处置损益表示；最后，处置资产会引起资产的减少，现金流量的增加，用现金流量表中“收回投资收到的现金”和“处置子公司及其他营业单位收到的现金净额”表示。

因长期股权投资和金融资产处置的中介效应检验过程与经营类资产类似，检验过程中所涉及表格不再一一列示。如表4-16所示，将资产营运能力、盈余持续性和现金持有水平作为中介变量进行Sobel检验时，仅有盈余持续性发挥了中介效应，中介效应占总效应的比例为11.28%。也就是说，长期股权投资处置获取的损益会影响盈余的持续性，进而影响到资产配置效率；长期股权投资处置引起的资产变动以及收到的现金流量会影响资产配置效率，但并不通过影响资产营运能力和现金持有水平而最终影响资产配置效率。该研究结论与长期股权投资的资产性质和持有目的相吻合，持有长期股权投资的目的是为了获得控制权或投资收益，处置长期股权投资不影响资产营运能力，仅对盈利能力产生影响。

金融资产处置影响资产配置效率的路径及Sobel检验如表4-17所示，将资产营运能力、盈余持续性和现金持有水平作为中介变量进行Sobel检验时，资产营运能力和盈余持续性发挥了中介效应，中介效应占总效应的比例分别为20.8%和37.17%。也就是说，金融资产处置引起金融资产变动及获得处置损益会影响资产营运能力及盈余的持续性，进而影响到资产配置效率。该研究结论与金融资产的流动性和收益性特征相吻合。

表 4-16　长期股权投资处置影响资产配置效率的路径及 Sobel 检验

| 回归系数<br>中介变量 | α | β | γ | λ | 中介效应占总效应比重 | 结论 |
|---|---|---|---|---|---|---|
| NACT | 不显著 + | 不显著 - | 显著 + | 不显著 + | 0.01% | 直接效应显著<br>可能存在其他的中介效应 |
| EP | 不显著 - | 显著 - | 不显著 + | 不显著 - | 11.28% | 直接效应不显著<br>只存在中介效应 |
| CASH | 不显著 - | 不显著 - | 显著 + | 不显著 + | 0.03% | 直接效应显著<br>可能存在其他的中介效应 |

表 4-17　　金融资产处置影响资产配置效率的路径及 Sobel 检验

| 回归系数<br>中介变量 | α | β | γ | λ | 中介效应占总效应比重 | 结论 |
|---|---|---|---|---|---|---|
| NACT | 不显著 + | 不显著 - | 显著 + | 不显著 - | 20.8% | 直接效应显著<br>部分中介效应 |
| EP | 显著 + | 显著 - | 显著 - | 显著 + | 37.13% | 直接效应显著<br>部分中介效应 |
| CASH | 不显著 + | 显著 - | 显著 + | 不显著 + | 3.78% | 直接效应显著<br>遮掩效应 |

现金持有水平在长期股权投资和金融资产处置影响资产配置效率的过程中，都未能发挥中介效应，可能的原因在于用现金流量表中“收回投资收到的现金”和“处置子公司及其他营业单位收到的现金净额”作为解释变量时，“收回投资收到的现金”中包括处置持有至到期投资和可供出售金融资产收到的现金，其中也包括长期股权投资收到的现金。因现金流量表中未将两者区分开来，数据存在一定偏差。

综上所述，因资产类别和持有目的不同，资产处置作用于资产配置效率的路径也大相径庭。经营类资产的处置主要通过资产营运能力和现金持有水平从而影响资产配置效率；长期股权投资的处置主要通过盈余持续性从而影响资产配置效率；金融资产的处置主要通过资产营运能力和盈余持续性从而影响资产配置效率（见表 4－18）。

**表 4－18　　中介效应汇总表**

| 中介效应 / 资产类别 | 资产营运能力 | 盈余持续性 | 现金持有水平 |
|---|---|---|---|
| 经营类资产 | 成立 | 不成立 | 成立 |
| 长期股权投资 | 不成立 | 成立 | 不成立 |
| 金融资产 | 成立 | 成立 | 不成立 |

## 五、稳健性检验

### （一）影响企业资产处置因素的稳健性检验

为了保证本书结论的稳健性，笔者借鉴已有的相关文献，进行了如下文所述的稳健性检验。经济周期是国家经济增长率的波动曲线，本书采用 2007～2014 年的 GDP 同比增长率（见图 4－3），2008 年、2009 年为经济回落期，2010 年、2011 年为经济上升期，2012～2014 年经济逐年下滑。本书对经济周期不同阶段的划分为：2008～2009 年、2012～2014 年为收缩期，2007 年、2010～2011 年为扩张期。江龙、刘笑松（2011）等研究宏观经济因素影响公司现金持有行为时，以国内生产总值增长率作为划分宏观因素的标准，文中把 2008 年、2009 年列为较差的宏观经济环境组，经济环境较好组为 2006 年和 2007 年数据，与本书的划分一致。

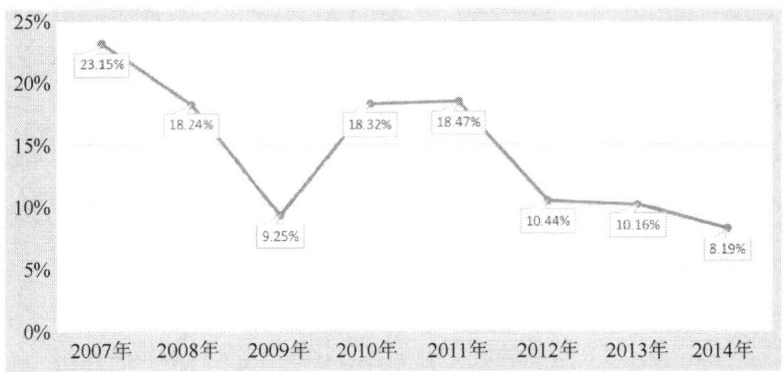


**图 4－3　GDP 同比增长率趋势图**

根据经济波动趋线，重新划分经济波动期间。如表 4－19 所示，在经济收缩期，处于成长期、成熟期和衰退期的上市公司资产规模、财务健康指数与资产处置水平呈显著负相关，上市年限与资产处置水平呈显著负相关，而财务风险都没有相关关系。与经济收缩期相比，经济扩张期的与资产处置水平相关性较弱。该结论与前文大体保持一致。



**表 4－19　　重新定义宏观经济波动期间**

| 变量 | 经济扩张期 | | | 经济收缩期 | | |
|---|---|---|---|---|---|---|
| | 成长期 | 成熟期 | 衰退期 | 成长期 | 成熟期 | 衰退期 |
| SIZE | －0.000595** | －0.000889 | －0.00185*** | －0.000882*** | －0.000820*** | －0.00124*** |
| | (－2.24) | (－1.40) | (－5.40) | (－4.74) | (－2.90) | (－5.95) |
| LEV | －0.00274 | 0.00579 | 0.00183 | 0.00136 | －0.000492 | 0.00242* |
| | (－1.30) | (1.47) | (0.87) | (1.11) | (－0.26) | (1.79) |
| AGE | 0.00375*** | 0.00401*** | 0.00634*** | 0.00190*** | 0.00212*** | 0.00338*** |
| | (4.75) | (3.15) | (8.00) | (7.15) | (4.65) | (9.86) |

续表

| 变量 | 经济扩张期 | | | 经济收缩期 | | |
|---|---|---|---|---|---|---|
| | 成长期 | 成熟期 | 衰退期 | 成长期 | 成熟期 | 衰退期 |
| ZSCORE | -0.000522 | 0.000143 | -0.000278* | -0.000287*** | -0.000695** | -3.74e-05 |
| | (-1.51) | (0.22) | (-1.72) | (-6.34) | (-2.21) | (-0.27) |
| INDBOARD | 0.00332 | -0.0129** | 0.00131 | 0.00395 | 0.00439 | 0.00901*** |
| | (0.77) | (-2.18) | (0.22) | (1.47) | (1.00) | (2.64) |
| TOP1 | -4.00e-05** | 5.64e-06 | -4.13e-05** | -3.98e-05*** | 2.05e-05 | -4.76e-05*** |
| | (-2.28) | (0.16) | (-2.03) | (-3.47) | (1.13) | (-3.64) |
| BALANCE | 2.35e-05 | -2.04e-05 | -3.83e-06 | 2.47e-05* | 1.25e-06 | 4.73e-06 |
| | (1.31) | (-1.02) | (-0.39) | (1.95) | (0.12) | (0.67) |
| CONSTANT | 0.00894 | 0.0137 | 0.0278*** | 0.0169*** | 0.0137*** | 0.0197*** |
| | (1.48) | (1.15) | (4.43) | (4.76) | (2.60) | (4.92) |
| F值 | 18.77 | 13.37 | 18.59 | 21.82 | 13.78 | 25.4 |
| N | 2216 | 554 | 2312 | 5144 | 1496 | 5610 |
| Adj-$R^2$ | 0.041 | 0.038 | 0.067 | 0.044 | 0.029 | 0.037 |



（二）影响资产配置效率模型的稳健性检验

为了保证本书结论的稳健性，借鉴已有的相关文献，进行了如下文所述的稳健性检验。相对于批发和零售贸易行业、社会服务业以及通信技术等行业，制造业的资产持有比例较高，对企业资源配置效率的影响可能更为显著。鉴于此，将回归分析的样本范围限定于制造业，对资产处置影响资产配置效率的中介效应进行了重新检验。

以制造业为研究样本，表4-20、表4-21和表4-22为资产营运能力、盈余持续性和现金持有水平的中介效应检验，其分析流程和上文类似，该部分不再赘述。

**表 4-20　资产处置、资产营运能力与资产配置效率（制造业）**

| 变量 | ROE | NCAT | ROE |
|---|---|---|---|
| | (1) | (2) | (3) |
| RCA | 0.0388*** | 0.598*** | 0.0326*** |
| | (12.22) | (7.57) | (10.34) |
| NCAT | | | 0.0103*** |
| | | | (13.73) |
| LEV | -0.183*** | 0.434*** | -0.186*** |
| | (-13.96) | (3.22) | (-14.20) |
| SIZE | 0.0263*** | 0.0257 | 0.0258*** |
| | (13.92) | (1.01) | (13.83) |
| GROWTH | 0.0628*** | 0.676*** | 0.0559*** |
| | (14.48) | (8.22) | (12.94) |
| INDBOARD | -0.0346 | -0.677* | -0.0242 |
| | (-1.53) | (-1.89) | (-1.08) |
| TOP1 | 0.000623*** | 0.0162*** | 0.000462*** |
| | (6.54) | (10.23) | (4.87) |
| BALANCE | -0.000532*** | -0.00561*** | -0.000479*** |
| | (-8.06) | (-6.47) | (-7.37) |
| AGE | -0.00718*** | -0.0725 | -0.00621*** |
| | (-3.11) | (-1.47) | (-2.76) |
| 年度 | 控制 | 控制 | 控制 |
| Constant | -0.415*** | 1.321*** | -0.393*** |
| | (-11.61) | (2.73) | (-11.15) |
| N | 11114 | 11114 | 11114 |
| Ajd - $R^2$ | 0.190 | 0.072 | 0.212 |
| F 值 | 72.32 | 33.33 | 78.08 |

**表 4-21　资产处置、盈余持续性与资产配置效率（制造业）**

| 变量 | ROE | EP | ROE |
|---|---|---|---|
| | (1) | (2) | (3) |
| NCAD | 0.989*** | -10.65*** | 0.969*** |
| | (6.35) | (-2.58) | (6.22) |
| EP | | | 0.000688*** |
| | | | (3.17) |
| LEV | -0.198*** | 2.343*** | -0.198*** |
| | (-14.96) | (7.44) | (-14.61) |
| SIZE | 0.0298*** | 0.166*** | 0.0296*** |
| | (15.52) | (2.60) | (15.52) |
| GROWTH | 0.0716*** | -0.536*** | 0.0721*** |
| | (16.14) | (-5.78) | (16.19) |
| INDBOARD | -0.0344 | 1.701 | -0.0352 |
| | (-1.51) | (1.54) | (-1.55) |
| TOP1 | 0.000607*** | -0.0153*** | 0.000613*** |
| | (6.36) | (-3.53) | (6.42) |
| BALANCE | -0.000571*** | 0.0139*** | -0.000581*** |
| | (-8.64) | (3.91) | (-8.84) |
| AGE | -0.0185*** | 0.313*** | -0.0186*** |
| | (-8.38) | (3.16) | (-8.42) |
| 年度 | 控制 | 控制 | 控制 |
| Constant | -0.449*** | -2.225* | -0.411*** |
| | (-12.36) | (-1.66) | (-11.41) |
| N | 11114 | 11114 | 11114 |
| Ajd - $R^2$ | 0.187 | 0.026 | 0.187 |
| F 值 | 64.44 | 15.17 | 79.63 |

**表 4-22　资产处置、现金持有水平与资产配置效率（制造业）**

| 变量 | ROE | CASH | ROE |
|---|---|---|---|
| | (1) | (2) | (3) |
| ADRC | 0.0845 | 0.434*** | 0.0740 |
| | (1.20) | (3.21) | (1.05) |
| CASH | | | 0.0242*** |
| | | | (4.88) |
| LEV | -0.195*** | -0.195*** | -0.190*** |
| | (-29.45) | (-15.41) | (-28.46) |
| SIZE | 0.0282*** | 0.00881*** | 0.0280*** |
| | (22.63) | (3.69) | (22.47) |
| GROWTH | 0.0715*** | 0.0393*** | 0.0705*** |
| | (24.30) | (6.99) | (23.95) |
| INDBOARD | -0.0320 | 0.0327 | -0.0328 |
| | (-1.35) | (0.72) | (-1.39) |
| TOP1 | 0.000590*** | 2.20e-05 | 0.000589*** |
| | (5.95) | (0.12) | (5.95) |
| BALANCE | -0.000565*** | -0.000384*** | -0.000556*** |
| | (-8.94) | (-3.17) | (-8.79) |
| AGE | -0.0153*** | -0.0700*** | -0.0136*** |
| | (-6.12) | (-14.60) | (-5.39) |
| 年度 | 控制 | 控制 | 控制 |
| Constant | -0.425*** | 0.114** | -0.427*** |
| | (-16.06) | (2.25) | (-16.18) |
| N | 11120 | 11120 | 11120 |
| R-squared | 0.180 | 0.131 | 0.182 |
| F值 | 152.56 | 104.19 | 145.28 |

表4－23为制造业资产处置影响资产配置效率的路径。资产营运能力、盈余持续性和现金持有水平作为中介变量进行Sobel检验时，NCAT和CASH的Z值分别为9.505和2.742，中介效应占总效应的比例分别为15.91%和15.14%，表明资产营运能力和现金持有水平具有显著的中介效应。EP的Z值为1.914，中介效应占总效应的比例为0.76%，盈余持续性发挥了遮掩效应。也就是说，资产处置通过影响资产周转速度和现金流量水平，最终影响资产配置效率。资产处置虽然会影响盈余的持续性，也会直接影响到资产配置效率，但盈余持续性并没有发挥中介传导机制。该检验结果与经营类资产影响资产配置效率的路径基本一致。在制造业中，资产营运能力和现金持有水平中介效应更为突出，占总效应的比重（15.91%和15.14%）均高于全样本的比重（11.33%和7.39%），盈余持续性在全样本和制造业中都没有发挥较明显的中介效应。该稳健性检验结果与现实状态吻合，制造业中的上市公司的固定资产和无形资持有比重较高，其资产处置影响资产配置效率的路径与经营类资产影响资产配置效率的路径一致。



**表4－23　制造业资产处置影响资产配置效率的路径及Sobel检验**

| 中介变量＼回归系数 | α | β | γ | λ | Z值 | 中介效应占总效应比重 | 结论 |
|---|---|---|---|---|---|---|---|
| 资产营运能力 | 显著＋ | 显著＋ | 显著＋ | 显著＋ | 9.505*** | 15.91% | 直接效应显著<br>部分中介效应 |
| 盈余持续性 | 显著＋ | 显著－ | 显著＋ | 显著＋ | 1.914 | 0.76% | 直接效应显著<br>遮掩效应 |
| 现金流水平 | 不显著 | 显著＋ | 不显著 | 显著＋ | 2.742** | 15.14% | 直接效应不显著<br>中介效应 |

# 本章小结

基于非机会主义动因，本章检验了影响处置资产的宏观、行业和企业因素，在不同生命周期，资产处置水平呈现出较大差异。宏观经济波动、行业盈利水平和行业现金流水平、行业周期性显著影响资产处置水平，在衰退期表现得尤为显著；资产规模、上市年限、财务风险和财务健康指数显著影响资产处置水平，在衰退期尤为显著。

以上市公司大样本数据为研究样本，采用中介变量效应的检验方法，检验了处置资产影响企业资产配置效率的路径与作用机制。资产类别不同，影响资产配置效率的路径大相径庭，以经营类资产为例，得出如下结论：（1）由于资产处置导致资产数量的增减变动，通过影响资产的资产营运能力，进而影响企业资产配置效率，资产的资产营运能力发挥了中介效应。（2）资产处置有可能引起现金流量的变动，进而影响现金持有水平，最终影响资产配置效率，可见现金持有水平发挥了部分中介效应。（3）资产处置产生的处置损益能直接影响资产配置效率，也会影响盈余的持续性，但盈余持续性并不影响资产配置效率，而是发挥了遮掩效应。长期股权投资的处置主要通过盈余持续性影响资产配置效率；金融资产的处置主要通过资产营运能力和盈余持续性从而影响资产配置效率。总之，资产类别不同，处置动因存在差异，影响资产配置效率的路径大相径庭，因此，应当区分资产类别，根据资产的性质与持有目的，分别考察资产处置的经济后果。

# 第五章 企业资产处置与真实盈余管理的实证分析

基于自身利益最大化，管理层利用资产处置收益扭亏为盈或资产处置损失平滑利润。该处置资产行为会对未来经营业绩和企业价值的产生影响。处置资产类别不同，对未来经营业绩和企业价值的影响存在较大差异。内外部治理机制对基于盈余管理的资产处置行为有一定的抑制作用。

## 第一节　问题的提出

管理层有选择资产处置时机的自主权，现行会计准则关于资产处置损益计入当期利润表的规定，为其调节盈余提供了便利，当经营业绩未达到预期目标或盈余水平波动较大时，可转让或出售资产，也可以处置长期投资获得处置损益，调节盈余至预期水平。据统计，2007～2015年，沪深两市A股上市公司非流动资产处置损益金额高达3142亿元[①]，其中，非流动资产处置损失约为970亿元，处置收益约为4113亿元。非流动资产处置损失和收益呈逐年上升趋势，与2007年相比，分别增长了256%和72%。2015年，2763家上市公司处置了非流动资产，处置损益金额高达532亿元，对单个发生非流动资产处置损益的上市公司而言，约有15%的上市公司的处置损益对净利润的影响超过10%，约有40%的上市公司的处置损益对净利润的影响超过1%[②]。资产处置发生频率及金额已成为生产经营活动中不容忽视的部分。黑牡丹（600510）从2010年开始，多次通过出售长期资产粉饰利润，2012年处置资产收益对净利润的贡献率高达70%。2012年12月，汉王科技（002362）处置其全资子公司，取得8000万元的投资收益，表面上是为了自身业务发展和资源整合，事实上，2011年汉王科技亏损，2012年前三季度仍然亏损3800万元。为了避免戴上ST的帽子，汉王处置子公司实属无奈之举，因为处置资产是上市公司真实的投资活动，利用其实施盈余管理不易被察觉。



财政部2006年发布的《资产减值》准则中，禁止资产减值损失转回的规定在一定程度上抑制了上市公司利用资产减值准备实施盈余管理的行为。在此背景下，管理层转向处置长期资产的真实交易活动。龚启辉等（2015）实证检验了应计盈余管理（指长期资产减值准备）与真实盈余管理（指处置长期资产）的替代关系，转回资产减值准备与处置长期资产的概率与金额出现此消彼长的现象。处置长期资产是公司的真实经营活动，其账面反映与

① 该数据中不包括金融行业的上市公司。

② 数据来源于Wind数据库，系作者手工统计整理。

实际发生的业务基本一致，利用其实施盈余管理更具隐蔽性。关于是否存在利用资产处置损益实施盈余管理的研究，国外相关文献并未得出一致结论，国内利用资产处置实施真实盈余管理的研究较少，有些零散的研究将非流动资产处置作为非经常性损益的组成部分，发现非流动资产处置损益是上市公司实施盈余管理的高发项目（魏涛等，2007；蒋大富和熊剑，2012），本书试图通过大样本数据分析找到中国上市公司利用资产处置实施真实盈余管理的系统性证据，并检验其对未来经营业绩和公司价值的影响。

从制度经济学的角度来讲，公司治理结构是一套制度安排，用于协调股东、董事会、经理层、职工等重大利害关系团体在相互作用中产生的具体问题。上市公司处置资产的行为，在一定程度上受内、外部治理机制的约束和调节。内部治理机制主要包括董事会、股权结构、监事会及管理层激励等，在上市公司的高效运行和科学决策过程中发挥着激励和监督作用，约束控股股东和管理层的盈余管理行为。已有研究成果中，董事会规模、股权制衡度、独立董事比例、管理层持股比例等（金玉娜，2013；王昌锐和倪娟，2012；季敏和金贞姬，2013 等）能够抑制经营活动的盈余管理行为。产品市场竞争作为重要的外部治理机制，市场的竞争机制能够有效地监督和约束管理层的盈余管理行为（申景奇和伊志宏，2010），分析师跟踪和机构投资者对盈余管理行为具有较大影响。较少文献系统地分析内外部治理机制对通过处置资产实施盈余管理的监督作用。

## 第二节　理论分析与研究假设

资产处置产生的损益会对上市公司的盈利水平产生影响，甚至会对某些上市公司产生重大影响，而我国证券监督管理委员会和沪深两市的证券交易所对股票的特别处理制度以及暂停和终止上市等的规定中，都把企业的盈利水平作为考核条件之一。基于机会主义动因而处置的资产会对未来经营业绩和企业价值产生影响。任何企业的存在都无法脱离公司内部和外部治理机制，因此，分析内外部治理机制对盈余管理的调节效应，有一定的现实意义。

## 一、基于机会主义的动因分析

中国证监会制定的股票特别处理制度、暂停交易、终止交易或退市政策，均包含基于业绩水平的评判标准，是我国上市公司调节盈余，避免亏损的制度动因。具体而言，证监会规定：上市公司经审计两个会计年度的净利润均为负，其股票交易被实行特别处理（即“ST”）；最近三年连续亏损，将被暂停上市（即“PT”）；最近三年连续亏损，且其后一个会计年度内不能恢复盈利，将被终止上市。在我国，很长一段时间，股票发行采用审批制，公司上市本身就是一个漫长而又艰难的过程，要求上市前“连续三年盈利”，上市后仍有 2 年的督导期，因此，上市资格成为稀缺资源，无论“ST”“PT”或是终止上市，都会导致“壳”的极大贬值，在此制度背景下，上市公司避免亏损动机尤为强烈。处置资产是企业真实的经营活动，其产生的资产处置收益会影响“投资收益”或“营业外收入”，进而影响企业的利润总额，达到扭亏为盈的目的。

股票首次公开发行和股票增发的规定[①]中，要求以扣除非经

① 2006 年 5 月 17 日审议通过，2016 年 1 月 1 日修订的《首次公开发行股票并上市管理办法》；2008 年 7 月修订《上市公司证券发行管理办法》中增发股票的规定。

常性损益后与净利润相比较低者为判断标准，资产处置产生的损益属于非经常性损益的组成部分，在监管部门对业绩考核的过程中被剔除掉，因此，本书不考虑上市公司在上市首次公开发生和增发股票的过程中利用资产处置调节利润的动机。

盈余管理指管理层运用职业判断或构造交易等手段，影响基于财务报告的契约结果，误导利益相关者对公司潜在经营活动的理解（Healy and Wahlen，1999）。白云霞等（2005）以控制权转移后发生资产处置的上市公司为样本，发现亏损或是业绩下降的公司，当业绩低于盈亏临界点时，会通过资产处置使公司报告业绩高于阈值。李享（2009）认为，资产减值可以与资产处置配合使用，如果计划下一年度处置长期资产，则会在亏损年度超额计提资产减值准备；下一年能否扭亏与该年是否发生资产处置正相关。王福胜等（2013）认为管理层有选择处置资产和安排处置时间的自主权，有利用各类资产处置操纵盈余的具体动机。崔海红（2015）利用2007年《资产减值准则》实施后的数据，也得到了上市公司利用非流动资产处置损益调节利润，避免利润下滑或亏损的证据。国内更多的文献将非流动资产处置损益作为非经常性损益的组成部分。已有文献表明，上市公司为实现扭亏和大清洗的目标，避免被ST或暂停上市，保住稀缺的壳资源，都非常倚重非经常损益进行盈余管理（魏涛等，2007等）。

Bartov（1993）认为管理层为实现平滑盈余和减轻债务契约压力，会选择长期资产出售时间，以控制某个特定时间所确认的长期资产处置损益。Graham（2005）等对美国401位高管进行问卷调查和访谈后发现78%的高管人员为实现当期平滑盈余，会通过操控真实交易活动来达到盈余目标。李增福和郑友环（2010）在2007年所得税税率调整的政策背景下，得出预期税率上升的公司与基于真实活动的盈余管理程度正相关的经验证据。国内较少文献研究向下平滑利润的动机，2014 年，有 38% 的上市公司的处置资产损失对净利润的影响超过 1%。对于上市公司的资产处置损失是正常处置损失还是向下平滑利润的工具，有待于下面做进一步检验。

由于处置资产所获得的损益记入当期利润表，为避免亏损、规避税收风险并避免盈余大幅度波动，管理层会通过操纵资产处置时点来调节盈余。近年来，受企业会计准则的约束，现有文献中管理层通过销售操控、费用操控、生产操控等实施真实盈余管理的研究成果较为丰富，关于转让或销售资产的真实盈余管理研究较少。因经营类资产、长期股权投资和金融资产等非流动资产性质和持有目的不同，下面分别检验三类资产的盈余管理动机，并提出如下假设：

假设 5 - 1a：上市公司扭亏为盈动机越强，利用处置资产收益实施盈余管理程度越高。

假设 5 - 1b：上市公司向下平滑利润动机越强，利用处置资产损失的盈余管理程度越高。



### 二、基于机会主义动因的经济后果

盈余管理一直是国内外学者研究的热点，随着会计准则的日趋完善和内部控制制度的健全，近几年，较多文献研究基于真实经营活动的盈余管理，主要关注费用操控、销售操控和生产操控三种手段以及真实盈余管理对未来经营业绩的影响。

Cohen 和 Zarowin（2010）认为，销售操控是通过降价促销等手段，使得销售业绩在短期内提升，但实际上，只是在本期提前确认归属后期的销售收入，停止降价促销等活动，后期的公司业绩会更差。Bruggen 等（2011）指出，大批量生产能够降低产品的单位固定成本，从而降低当期产品的单位总成本，提高当期业绩，但是操控生产会导致存货的大量积压和原材料的浪费，对公司未来业绩产生更为不利影响。Roychowdhury（2006）认为削减广告费用、员工培训和研发支出等酌量性费用，会导致公司的品牌知名度下滑、员工技能下降以及创新能力不足。费用操控为换取短期业绩的攀升，以牺牲长期业绩为代价。真实经营活动的盈余管理被视为管理层“短视”行为的表现，会导致公司未来业绩下滑。与此研究结论不同的是，Gunny（2010）分别检验了基于生产操纵、销售操纵、费用操纵和长期资产处置等真实盈余管理的经济后果时，认为适当的盈余管理会对外传递公司运营平稳的形象，给企业带来良好声誉，对未来业绩并不一定有负面影响。张俊瑞等（2008）得出了通过生产操控、费用操控和销售操控等手段达到保持盈利目标的经验证据。李彬和张俊瑞（2008）、李彬和张俊瑞（2009，2010）分别检验了生产操控、费用操控和销售操控对未来经营业绩的影响，得出如下结论：生产操控、费用操控的管理盈余的行为是以牺牲公司未来的经营能力为代价，有损于股东未来获利能力并对公司未来投资水平造成不利影响。王亮亮等（2013）认为公司操控生产、销售和费用等真实经营活动会带来未来业绩的下滑。在市场化程度较高的地区，两者间的负向关系能够削弱。王跃堂等（2009）在税率变动的契机下，检验了税率对公司盈余的影响。研究发现，公司预期税率降低时，为降低公司的税负，会推后利润的确认，该类公司利用盈余管理成功避税，显著提升了公司价值。王福胜、吉姗姗和程富（2014）比较了真实和应计盈余管理对未来经营业绩的影响，得出了真实盈余管理对长期业绩有负面影响。

管理层为实现扭亏为盈，有可能将正在使用的资产提前处置，以获得处置收益。该处置行为有可能对未来经营业绩和企业价值产生负面影响。对于为避免盈余大幅度波动，通过处置损失，平滑利润的资产处置，有可能对外传递公司盈余平稳的形象，对未来业绩和企业价值产生正面影响。以资产处置为手段的真实盈余管理的研究较少，基于真实盈余管理的视角，为检验资产处置的经济后果，提出如下假设：

假设 5－2a：扭亏动机的盈余管理与未来经营业绩负相关；向下平滑利润动机的盈余管理与未来经营业绩正相关；

假设 5－2b：扭亏动机的盈余管理与企业价值负相关；向下平滑利润动机的盈余管理与企业价值正相关。

### 三、内部治理机制的调节效应

完善的内部治理机制有利于约束控股股东和管理层的盈余管理行为，降低代理成本。国外现有文献分别从独立董事（Osma，2008）、企业内部董事（Gunny，2010）、董事会规模和独立董事比例（Kang 和 Kim，2012）、审计委员会的独立性、审计委员会的规模、审计委员会的开会次数（Visvanathan，2008）、独立审计委员会的有效性（Jerry Sun 和 George Lan，2014）等方面研究了内部治理与真实盈余管理的关系。董事会作为公司治理结构的核心组成部分，能否发挥监督和管理功能，主要受董事会规模、董事会构成、董事会独立性及董事的勤勉度等自身特征的影响。国内文献中，王昌锐和倪娟（2012）的研究支持了较大规模的董事会在公司治理中的有效性。董事会规模的扩大，有利于发挥其对盈余管理行为的监督作用。王建新（2007）、高雷和张杰（2009）都认为董事长和总经理的两职合一使得董事会难以保持独立性，缺乏董事长监督的总经理更容易实施盈余管理。杨继伟等（2011）为防止“内部人控制”① 和“一股独大”②，保护中小股东及其他利益相关者权益，强化董事会的监督作用而设置的独立董事制度能够抑制公司的盈余管理行为。董事会的开会次数与盈余管理之间的关系有以下两种不同的观点：一种是“问题”说。频频开会的原因在于上市公司确实有问题存在，召开董事会是消除隐患的措施。另一种是“勤勉”说。董事会活动频繁召开，经常会面的董事们可以对公司有更加全面的了解，能够按照股东利益执行其职责。还有文献从第一大股东持股比例（姜英兵和王清莹，2011）、股权制衡（林芳和许慧，2012）、产权性质和控股股东性质（顾鸣润等，2012）等方面以及监事会规模、监事会开会次数（张逸杰等，2006）、管理层变更（金莲花等，2010）、管理层权力（林芳和冯丽丽，2012）等方面研究了内部治理机制与真实盈余管理的关系。

上述文献较为全面地讨论了内部治理机制与真实盈余管理的关系，但是都没有涉及以资产处置为手段的真实盈余管理。借鉴上述研究成果，分别从董事会特征、股权结构、管理层激励和监事会特征四个维度考察内部治理对真实盈余管理的抑制作用。在假设 1 的基础之上，进一步提出如下假设：

假设 5－3a：董事会特征能够有效地抑制上市公司的盈余管理行为；

假设 5－3b：股权结构能够有效地抑制上市公司的盈余管理行为；

① 内部人控制即公司治理中“所有者缺位”现象，属于第一类股权代理问题，所有权与经营权分离，股东、债权人等监督不力，管理层拥有实际控制权，在公司重大决策时，内部人的利益得以加强。

② 一股独大属于第二类股权代理问题，即大股东与小股东之间的代理冲突，大股东利用股权优势侵占小股东权益。

假设 5－3c：管理层激励能够有效地抑制上市公司的盈余管理行为；

假设 5－3d：监事会特征能够有效地抑制上市公司的盈余管理行为。

## 四、外部治理机制的调节效应

公司作为经济运行体制中的微观个体，其生产、经营活动除了受到内部治理机制的影响，还受到外部治理机制的制约。外部治理机制主要包括市场机制（如竞争因素与产品质量）、专业机构（如会计师、投资银行及专业机构分析人员等）以及资本市场对股东权益的保护等。

关于产品市场竞争与盈余管理的关系，有以下两种观点：一种观点认为产品市场竞争机制有利于降低市场信息的不对称程度。同行业中竞争企业越多，信息不对称程度越低，则盈余管理程度越低（Holmstrom，1982；Nalebuff and Stiglitz，1983；Mareiukaityte and Park，2009）。申景奇和伊志宏（2010）认为产品市场竞争能够有效抑制上市公司的盈余管理。另一种观点认为，为应对激烈竞争的市场环境，避免受到竞争对手的威胁，管理层会采取积极的盈余管理方式（Markarian and Santalo，2010）。同时，迫于市场和职场压力及产品竞争市场的惩罚机制，经理层会采取更多的机会主义和短期行为（Fama，1980；Narayanan，1985；Rotemberg and Scharfstein，1990；Hermalin and Weisbach，2012）。陈骏和徐玉德（2011）认为，产品市场竞争程度与盈余管理成正向关系。周夏飞和周强龙（2014）考察了产品市场势力、行业竞争程度与盈余管理水平三者之间的关系，产品市场势力越弱，越倾向执行更高强度的盈余管理活动；竞争越激烈的行业，其总体盈余管理水平也越高。王红建等（2015）研究认为宏观经济波动与正向盈余管理存在顺周期效应，产品市场竞争越激烈，其正向盈余管理的顺周期效应越显著。

分析师是公司外部治理的重要力量，分析师跟踪对公司盈余管理的影响仍然存在争议。一种观点认为多数分析师拥有金融学、会计学等专业知识，能够识别枯燥的会计报表和报表附注信息，同时分析师对某一公司的长期跟踪、定期走访等，与普通投资者、董事相比，更具信息优势，所以成为监管的重要力量（Healy and Palepu，2001）。国内的研究支持了这一观点（李晓玲等，2012；李春涛等，2014 等）。另一种观点认为分析师给企业做出的短期盈利预测，给管理层带来了无形压力。为迎合分析师的预测，管理层会更多地采取盈余管理行为调整利润至分析师预测的水平（Levitt，1998；Dechow et a1.，2000；Michanely and Womack，1999 等）。国内的研究支持了这一观点（谢震和熊金武，2014）。

机构投资者的治理效应引起了学术界的广泛关注，当前机构投资者和盈余管理的关系仍是研究的热点问题。一种观点认为，拥有巨额投资和较高专业水平的机构投资者参与公司治理，在一定程度上能够监督上市公司的盈余管理行为（Prowse，1990；Brous and Kini，1994；Koh，2007）。国内的研究支持了这一观点（程书强，2006；薄仙慧和吴联生，2009；于忠泊等，2011；袁知柱等，2014 等）。另一种观点认为，机构投资者只关注短期利润，频繁的交易会促使被投资公司的短视行为，在公司治理中无法发挥积极的作用（Graves and Waddpck，1990；Porter，1992）。国内的研究支持了这一观点（唐洋等，2011）。

以上文献关于产品市场竞争、分析师跟踪以及机构投资者与盈余管理的研究中，都没有涉及基于资产处置的真实盈余管理。资产处置产生的损益对利润具有调节作用，本书在考察外部治理机制对基于非流动资产处置的盈余管理行为的影响时，提出如下假设：

假设 5 -4a：产品市场竞争能够有效地抑制上市公司的盈余管理行为；

假设 5 -4b：分析师跟踪能够有效地抑制上市公司的盈余管理行为；

假设 5 -4c：机构投资者能够有效地抑制上市公司的盈余管理行为。

## 第三节 研究设计

### 一、样本选择与数据来源

以 2007 ~ 2015 年沪深两市 A 股上市公司为研究样本，因金融行业资产管理的特殊性，剔除了金融行业样本。剔除了成长性、公司规模、负债水平等数据缺失的样本；为了检验内部治理机制对真实盈余管理的抑制作用，从公司内部治理的四个维度收集了描述上市公司董事会、股权结构、监事会和管理层特征的数据，剔除内部治理数据缺失的样本；为了检验外部治理机制对真实盈余管理的抑制作用，分别收集了分析师跟踪人数和机构投资者持股比例等数据。下文所用数据均来源于 CSMAR 数据库，主要使用 Stata1 4.0 和 Excel 2013 来处理相关数据和回归分析。同时，为避免异常值的影响，对模型中所使用的变量进行了（1%，99%）缩尾处理。

## 二、模型设计与变量定义

### （一）异常资产处置损益的估计

在本书中，对异常资产处置损益的估计是重点和难点，借鉴Gunny（2010）构建的正常资产处置损益的估计模型如（5.1）式所示，用实际资产处置损益减去正常资产处置损益即为异常资产处置损益。

$$\frac{Gain_t}{TA_{t-1}} = \alpha_0 + \alpha_1 \frac{1}{TA_{t-1}} + \beta_1 \ln MV_t + \beta_2 Q_t + \beta_3 \frac{IntFund_t}{TA_{t-1}} + \beta_4 \frac{AssetSale_t}{TA_{t-1}} + \beta_5 \frac{InvSale_t}{TA_{t-1}} + \varepsilon_t \tag{5.1}$$

其中，*Gain* 指资产的处置损益，包括经营类资产、长期股权投资和金融资产处置损益；*TA* 指资产总额；*MV* 指股东权益的市场价值；*Q* 指 Tobin'Q 值，用市场价值除以资产重置成本；*IntFund* 指息税前盈余 EBIT 加上 R&D 和折旧费用；*AssetSale* 指会计期间长期资产的出售金额；*InvSale* 指长期投资的出售金额。在上式中，资产负债表和利润表以及报表附注中并未直接提供出售资产金额的相关信息，可以通过筛选、汇总等手段从资产负债表和利润表以及报表附注中得到出售资产处置损益的相关信息。同时，在现金流量表中得到了“处置交易性金融资产净增加额”“处置固定资产、无形资产和其他长期资产收回的现金净额”和“处置子公司及其他营业单位收到的现金净额”等数据。

### （二）多元回归模型的构建

为检验假设 5－1，采用多元回归方程检验上市公司处置资产的盈余管理动机，构建模型如（5.2）式所示：

$$NCAD = \alpha + \beta_1 NK + \beta_2 SMOOTH + \beta_3 SIZE + \beta_4 GROWTH + \beta_5 Zscore + \varepsilon \tag{5.2}$$

为检验假设 5. 2 式，分别从企业短期经营业绩和市场价值两方面构建模型，分别如（5. 3）式和（5. 4）式所示。

$$AdjROE_{t+1} = \alpha + \beta_1 NCAD + \beta_2 AdjROE_t + \beta_3 NK \times NCAD + \beta_4 SMOOTH \times NCAD + \beta_5 SIZE + \beta_6 GROWTH + \beta_7 Zscore + \varepsilon \tag{5.3}$$

$$TQ = \alpha + \beta_1 NCAD + \beta_2 NK \times NCAD + \beta_3 SMOOTH \times NCAD + \beta_4 SIZE + \beta_5 GROWTH + \beta_6 Zscore + \varepsilon \tag{5.4}$$

其中，$NK \times NCAD$ 为扭亏动机和异常资产处置损益的交乘项；$SMOOTH \times NCAD$ 为向下平滑利润动机和异常资产处置损益的交乘项。

为检验假设 5 - 3，并分别从董事会特征、股权结构、管理层特征和监事会特征四个方面检验其对利用非流动资产进行盈余管理的抑制作用，模型分别如（5. 5）式所示。

$$NCAD = \alpha + \beta_1 NK + \beta_2 SMOOTH + \beta_3 ICG + \beta_4 NK \times ICG + \beta_5 SMOOTH \times ICG + \beta_6 SIZE + \beta_7 GROWTH + \beta_8 Zscore + \varepsilon \tag{5.5}$$



为检验假设 5 - 4，并分别从产品市场竞争、分析师跟踪和机构投资者三个方面检验其对利用非流动资产进行盈余管理的抑制作用，模型分别如（5. 6）式所示。

$$NCAD = \alpha + \beta_1 NK + \beta_2 SMOOTH + \beta_3 ECG + \beta_4 NK \times ECG + \beta_5 SMOOTH \times ECG + \beta_6 SIZE + \beta_7 GROWTH + \beta_8 Zscore + \varepsilon \tag{5.6}$$

（三）变量定义

被解释变量（NCAD）为非流动资产处置损益，由上文估计模型计算得到。现有文献采用资产报酬率（ROA）（王亮亮等，2013；王福胜等，2014；朱滔，2015 等）作为衡量未来经营业绩的变量，也有文献采用净资产报酬率（ROE）（谢德仁和林乐，2015）衡量未来经营业绩。为避免内生性，本书采用净资产收益率（ROE）作为衡量未来经营业绩的变量。为体现上市公司的经营业绩在相同行业和相同年度内的相对水平，对ROE进行中位数调整[①]，即Adj－ROE，用Adj－$ROE_{i+1}$、Adj－$ROE_{i+2}$和Adj－$ROE_{i+3}$表示之后第1～3年的经营业绩。现有文献多数采用托宾（TQ）为衡量企业价值的变量（池国华等，2013；吕敏康等，2017）。

解释变量为扭亏动机（NK）、向下平滑利润动机（SMOOTH）等。公司内部治理变量（ICG）主要涉及以下四个方面：（1）描述董事会特征的变量主要有董事会规模（BOARD-SIZE）、董事长与总经理是否两职合一（DUALITY）、独立董事比例（INDBOARD）和董事会会议次数（DMEETING）。（2）描述股权结构的变量主要有第一大股东持股比例（TOP1）和股权制衡度（BALANCE）。（3）描述管理层激励的变量主要有管理层持股比例（MSHARE）和高管薪酬前三名之和（GGXC）。（4）描述监事会特征的变量主要有：监事会规模（JSH）和监事会会议次数（JMEETING）。NK×ICG为内部治理机制与扭亏动机的交乘项，SMOOTH×ICG为内部治理机制与向下平滑利润动机的交乘项。公司外部治理变量（ECG）主要包括产品市场竞争（PMC）、分析师跟踪（ANALYSIS）和机构投资者（JGCG）。NK×ECG为外部治理机制与扭亏动机的交乘项，SMOOTH×ECG为外部治理机制与向下平滑利润动机的交乘项。控制变量主要有公司规模（SIZE）、成长性（GROWTH）和财务健康指数（Z－score）。

① 由各个上市公司的ROE减去同年度同行业ROE的中位数计算而来，制造业中位数的计算以行业三位数代码为划分标准。

各变量的具体说明和计算方法如表 5－1 所示。

**表 5－1　　　主要变量定义及说明**

| 变量类型 | 变量名称 | 符号 | 变量说明 |
| --- | --- | --- | --- |
| 被解释变量 | 非流动资产处置损益 | NCAD（LTEID \ FAD） | 异常资产处置模型估计值中位数调整后的 ROE |
| | 未来经营业绩 | Adj－ROE | （本年 ROE－相同年度行业内公司 ROE 的中位数） |
| | 企业价值 | TQ | （流通股股数×每股市价＋非流通股股数×每股净资产＋年末负债账面价值）/年末总资产账面价值 |
| 解释变量 | 扭亏动机 | NK | 扣除非流动资产处置损益前的净利润为负，非流动资产处置损益后的净利润为正，满足条件为 1，否则为 0 |
| | 向下平滑动机 | SMOOTH | 扣除非流动资产处置损益前的净利润为正，大于上期处置前的净利润，且本期非流动资产处置损益为负，满足条件为 1，否则为 0 |
| 内部治理变量 | 董事会规模 | BOARDSIZE | 董事会人数 |
| | 两职合一 | DUALITY | 总经理和董事长是否为同一人，满足条件为 1，否则为 0 |
| | 独立董事所占比重 | INDBOARD | 独立董事人数/董事会总人数 |
| | 董事会开会次数 | DMEETING | 董事会开会次数 |
| | 股权集中度 | TOP1 | 第一大股东持股比例 |
| | 股权制衡度 | BALANCE | 第二到第五大股东持股比例之和/第一大股东持股比例 |
| | 管理层持股比例 | MSHARE | 管理层持股数/公司总股数 |
| | 高管薪酬 | GGXC | 高管前三名薪酬总额取对数 |
| | 监事会规模 | JSH | 监事会人数 |
| | 监事会开会次数 | JMEETING | 监事会开会次数 |

续表

| 变量类型 | 变量名称 | 符号 | 变量说明 |
|---|---|---|---|
| 外部治理变量 | 产品市场竞争程度 | PMC | （营业收入－营业成本－销售费用－管理费用）/营业收入 |
| | 机构持股比例 | JGCG | 机构持股比例合计 |
| | 分析师跟踪 | ANALYSIS | 跟踪机构数量 |
| 控制变量 | 公司规模 | SIZE | 总资产的对数 |
| | 成长性 | GROWTH | (t 年营业收入－t－1 年营业收入)/t－1 年营业收入 |
| | 财务健康指数 | Z－score | (3.3×净利润＋1.0×营业收入＋1.4×留存收益＋1.2×营运资本)/期初资产总额 |

# 第四节　实证分析

## 一、描述性统计

表 5－2 为变量描述性统计，经营类资产处置损益（ANCAD）25 分位数为－0.0016，75 分位数为 0.0049，说明既有处置损失，也有处置收益，均值为－0.0001，中位数为 0.0025，样本呈右偏状态，表明多数上市公司的异常资产处置损益高于平均水平。长期股权投资处置损益（LTEID）均值为 0.0083，中位数为 0.0219，样本呈右偏状态，表明多数上市公司的异常资产处置损益高于平均水平。扭亏变量（NK）和平滑利润变量（SMOOTH）的均值分别为 4.2% 和 48.02%。经过行业调整的资产净利率（$Adj-ROE_{t+i}$）的均值呈逐年上升趋势，均值大于中位数，说明多数公司的经营业绩低于平均水平。衡量企业价值的

TQ 的均值和中位数分别为 2.1453 和 1.6757，均值高于中位数，说明多数企业价值低于平均水平，最大值和最小值分别为 9.6141 和 0.8438，标准差为 1.4547，说明企业价值存在较大差别。

董事会最大的规模为 15 人，平均值约为 9 人。独立董事占董事会比率的均值为 36.63%，中位数为 33.33%，符合中国证监会对独立董事人数的规定。21.78% 的上市公司总经理和董事长为同一人。董事会开会次数的中值与平均值（9.3902）较为接近，说明大多数上市公司开会次数与平均数大体一致。第一大控股股东持股比例（TOP1）均值为 35.9446%，股权制衡度（BLANCE）的均值为 13.3396，与第一大股东的持股比例相差较大。我国上市公司的股权制衡能否发挥应有的制衡作用有待于进一步检验。监事会（JSH）最大的规模为 7 人，平均值约为 4 人；高管薪酬（GGXC）平均值和中值较为接近，样本呈正态分布。分析师跟踪（ANALYSIS）最多的 31 人，中值小于平均值，说明较多上市公司分析师跟踪人数小于平均人数。



资产规模（SIZE）的均值和中位数约为 13 亿元（对数为 21），最小值为 19.1682，最大值为 26.6082，标准差也较大，说明公司间规模也存在大幅差异。衡量公司成长性的营业收入增加率（GROWTH）的均值和中位数分别为 0.1849 和 0.1123，均值大于中位数，最大值和最小值分别为 3.1881 和 -0.6002，标准差大于均值，并且极差较大，说明成长性的离散程度较高，上市公司的成长性存在较大差别。衡量财务健康状况的 Z - score 的均值和中位数分别为 1.5001 和 1.3725，均值大于中位数，说明多数上市公司的财务健康状况低于平均水平。

表 5－2　变量描述性统计

| 变量 | 样本量 | 均值 | 标准差 | 25分位数 | 中位数 | 75分位数 | 最小值 | 最大值 |
|---|---|---|---|---|---|---|---|---|
| NCAD | 18535 | -0.0001 | 0.0143 | -0.0016 | 0.0025 | 0.0049 | -0.0765 | 0.0494 |
| LTEID | 5619 | 0.0083 | 0.0219 | 0 | 0.0006 | 0.0057 | -0.0067 | 0.1540 |
| FAD | 4398 | 0.0125 | 0.055 | 0 | 0 | 0 | -0.0176 | 0.4117 |
| NK | 18535 | 0.042 | 0.2006 | 0 | 0 | 0 | 0 | 1 |
| SMOOTH | 18535 | 0.4802 | 0.4996 | 0 | 0 | 1 | 0 | 1 |
| $Adj-ROE_t$ | 18535 | 0.0016 | 0.0576 | -0.0222 | 0 | 0.0283 | -0.236 | 0.174 |
| $Adj-ROE_{t+1}$ | 14175 | 0.0018 | 0.0555 | -0.0206 | 0 | 0.0273 | -0.2265 | 0.1632 |
| $Adj-ROE_{t+2}$ | 11913 | 0.0022 | 0.0553 | -0.02 | 0 | 0.0265 | -0.2187 | 0.1697 |
| $Adj-ROE_{t+3}$ | 9746 | 0.0027 | 0.0542 | -0.0196 | 0 | 0.0261 | -0.2098 | 0.1712 |
| TQ | 18535 | 2.1453 | 1.4547 | 1.2637 | 1.6757 | 2.4396 | 0.8438 | 9.6141 |
| BOARDSIZE | 18535 | 8.9143 | 1.773 | 8 | 9 | 9 | 5 | 15 |
| INDBOARD | 18535 | 0.3691 | 0.0519 | 0.3333 | 0.3333 | 0.4 | 0.3 | 0.5714 |
| DUALITY | 18535 | 0.2178 | 0.4153 | 0 | 0 | 0 | 0 | 1 |
| DMEETING | 18535 | 9.3902 | 3.5288 | 7 | 9 | 11 | 4 | 22 |
| TOP1 | 18535 | 35.9446 | 15.2948 | 23.6151 | 34.0156 | 47.1004 | 8.7869 | 75.4198 |
| BALANCE | 18535 | 13.3396 | 23.6757 | 1.9314 | 4.4797 | 13.005 | 1.0056 | 148.5245 |
| JSH | 18535 | 3.7398 | 1.1237 | 3 | 3 | 5 | 3 | 7 |
| JMEETING | 18535 | 5.1456 | 1.7624 | 4 | 5 | 6 | 2 | 11 |
| MSHARE | 18535 | 0.2771 | 0.5962 | 0 | 0.0003 | 0.1855 | 0 | 2.7437 |
| GGXC | 18535 | 14.086 | 0.7303 | 13.6316 | 14.0885 | 14.5402 | 12.1802 | 16.0711 |
| PMC | 18535 | 0.1005 | 0.1479 | 0.0362 | 0.0884 | 0.1667 | -0.5614 | 0.531 |
| ANALYSIS | 18535 | 4.3985 | 4.3441 | 1 | 3 | 6 | 1 | 31 |
| JGCG | 18535 | 7.1019 | 9.4501 | 1.53 | 4.24 | 8.841 | 0.14 | 57.03 |
| GROWTH | 18535 | 0.1849 | 0.4725 | -0.0311 | 0.1123 | 0.2768 | -0.6002 | 3.1881 |
| SIZE | 18535 | 21.8612 | 1.2779 | 20.9521 | 21.6974 | 22.5741 | 19.1682 | 26.6082 |
| Z-score | 18535 | 1.5001 | 1.1981 | 0.8115 | 1.3725 | 2.0125 | -1.8251 | 6.1029 |

## 二、相关性分析

表5-3为变量相关系数，非流动资产处置损益（ANCAD）与扭亏（NK）动机的相关系数为正，且在1%的水平上显著；与向下平滑利润（SMOOTH）动机的相关系数为负，且在1%的水平上显著。初步表明，上市公司会通过处置资产获取处置收益或处置损失，调节盈余至预期水平。从相关系数值的大小来看，大多数变量之间的相关系数小于0.5，低于共线性的一般门槛值0.7，表明模型各变量的选取较为合理，不存在严重共线性的问题。

## 三、回归结果

### （一）盈余管理动机与处置损益的回归结果分析

下面分别实证检验是否存在基于处置经营类资产、长期股权投资和金融资产的真实盈余管理行为。

采用2007~2015年沪深上市公司的面板数据，回归分析之前先通过Hausman检验，检验结果拒绝原假设，应采用固定效应模型对盈余管理动机与非流动资产处置损益进行多元回归分析，以处置经营类资产为盈余管理手段，回归结果如表5-4。表5-4中，列（1）、列（2）为基于扭亏和向下平滑利润动机分别回归结果，列（3）为整体回归结果。回归过程中均控制年度、行业虚拟变量。从回归结果中可以看出，F值都通过了1%显著性水平的检验，模型的整体拟合度较好。扭亏（NK）的系数为正，且通过了1%显著性水平检验，说明为了达到扭亏为盈的目的，上市公司会处置经营类资产进行正向盈余管理；向下平滑利润（SMOOTH）的系数为负，且通过了1%显著性水平检验，说明上市公司利用经营类资产处置损失向下平滑利润的经验

表 5-3　　变量相关系数

| 变量 | NCAD | NK | SMOOTH | TQ | Adj - $ROE_{t+3}$ | Adj - $ROE_{t+2}$ | Adj - $ROE_{t+1}$ | Adj - $ROE_t$ | SIZE | GROWTH | ZSCORE |
|---|---|---|---|---|---|---|---|---|---|---|---|
| NCAD | 1 | | | | | | | | | | |
| NK | 0.584*** | 1 | | | | | | | | | |
| SMOOTH | -0.300*** | -0.201*** | 1 | | | | | | | | |
| TQ | 0.131*** | 0.047*** | -0.00100 | 1 | | | | | | | |
| Adj - $ROE_{t+3}$ | -0.051*** | -0.094*** | 0.097*** | 0.151*** | 1 | | | | | | |
| Adj - $ROE_{t+2}$ | -0.053*** | -0.117*** | 0.124*** | 0.147*** | 0.579*** | 1 | | | | | |
| Adj - $ROE_{t+1}$ | -0.116*** | -0.185*** | 0.164*** | 0.146*** | 0.467*** | 0.585*** | 1 | | | | |
| Adj - $ROE_t$ | 0.043*** | -0.052*** | 0.249*** | 0.059*** | 0.381*** | 0.449*** | 0.569*** | 1 | | | |
| SIZE | -0.089*** | -0.057*** | -0.00100 | -0.416*** | -0.00900 | 0.00800 | 0.031*** | 0.062*** | 1 | | |
| GROWTH | -0.027*** | -0.050*** | 0.091*** | 0 | 0.059*** | 0.088*** | 0.126*** | 0.201*** | 0.055*** | 1 | |
| ZSCORE | -0.110*** | -0.133*** | 0.228*** | -0.018** | 0.261*** | 0.312*** | 0.385*** | 0.586*** | -0.040*** | 0.184*** | 1 |

证据，假设1成立。SIZE为公司规模对非流动资产处置行为的影响，其系数为负，且具有显著相关性，在规模较大的公司中，通过经营类资产处置进行盈余管理的行为较少；GROWTH为衡量公司成长性的指标，成长水平越高，上市公司越有可能通过处置经营类资产实现盈利目标。Z-score为衡量上市公司财务健康状况的指标，财务健康状况越好，非流动资产处置损益越多。

**表5-4　　盈余管理动机与经营类资产处置损益**

| 变量 | (1) | (2) | (3) |
|---|---|---|---|
| NK | 0.0343*** | | 0.0326*** |
| | (82.27) | | (79.16) |
| SMOOTH | | -0.00721*** | -0.00509*** |
| | | (-34.49) | (-28.48) |
| GROWTH | 0.00388*** | 0.00412*** | 0.00329*** |
| | (5.07) | (4.67) | (4.41) |
| SIZE | -0.00211*** | -0.00287*** | -0.00201*** |
| | (-10.54) | (-12.45) | (-10.29) |
| Z-score | 0.0388*** | 0.0636*** | 0.0479*** |
| | (22.86) | (32.12) | (28.39) |
| 年度 | 控制 | 控制 | 控制 |
| 行业 | 控制 | 控制 | 控制 |
| Constant | 0.0468*** | 0.0565*** | 0.0455*** |
| | (5.90) | (6.17) | (5.88) |
| $R^2$_Within | 0.3385 | 0.12 | 0.3709 |
| $R^2$_Between | 0.2006 | 0.0143 | 0.2767 |
| $R^2$_Overall | 0.3238 | 0.0397 | 0.3713 |
| N | 18535 | 18535 | 18535 |
| F值 | 246.83*** | 68.87*** | 276.98*** |

以处置长期股权投资为盈余管理手段，回归结果如表 5－5。表 5－5 中列（1）、列（2）为基于扭亏和向下平滑利润动机分别回归结果，列（3）为整体回归结果，回归过程中均控制年度和行业虚拟变量。扭亏（NK）的系数为正，且通过了 1% 上的显著性水平检验，说明为了达到扭亏为盈的目的，上市公司会处置长期股权投资进行正向盈余管理；向下平滑利润（SMOOTH）的系数为负，且通过了 1% 的显著性水平检验，得到了上市公司利用处置长期股权投资损失向下平滑利润的经验证据。控制变量分析同上文。

**表 5－5　　盈余管理动机与长期股权投资处置损益**

| 变量 | 模型（1）<br>（1） | 模型（1）<br>（2） | 模型（1）<br>（3） |
|---|---|---|---|
| NK | 0.0265*** |  | 0.0258*** |
|  | (24.39) |  | (23.54) |
| SMOOTH |  | -0.00595*** | -0.00364*** |
|  |  | (-7.86) | (-5.08) |
| GROWTH | 0.000404 | 2.74e-05 | 0.000562 |
|  | (0.62) | (0.04) | (0.86) |
| SIZE | -0.00606*** | -0.00717*** | -0.00602*** |
|  | (-7.61) | (-8.46) | (-7.58) |
| Z-score | 0.00231*** | 0.00250*** | 0.00249*** |
|  | (4.24) | (4.30) | (4.58) |
| 年度 | 控制 | 控制 | 控制 |
| 行业 | 控制 | 控制 | 控制 |
| Constant | 0.132*** | 0.160*** | 0.132*** |
|  | (7.64) | (8.72) | (7.66) |
| $R^2$_ Within | 0.1581 | 0.0435 | 0.1637 |
| $R^3$_ Between | 0.1197 | 0.0532 | 0.1315 |
| $R^4$_ Overall | 0.1386 | 0.0481 | 0.147 |
| N | 5 619 | 5 619 | 5 619 |
| F 值 | 60.33 | 14.6 | 58.03 |
| R-squared | 0.158 | 0.043 | 0.164 |

以处置金融资产为盈余管理手段，回归结果如表 5－6。表 5－6 中列（1）、列（2）为基于扭亏和向下平滑利润动机分别回归结果，列（3）为整体回归结果，回归过程中均控制年度、行业虚拟变量。扭亏（NK）的系数为正，且通过了 1% 上的显著性水平检验，说明为了达到扭亏为盈的目的，上市公司会处置金融资产进行正向盈余管理；向下平滑利润（SMOOTH）的系数为负，且通过了 1% 上的显著性水平检验，上市公司利用金融资产处置损失向下平滑利润的经验证据。SIZE 为公司规模对金融资产处置行为的影响，其系数为正，且具有显著相关性，在规模较大的公司中，通过处置金融资产进行盈余管理的行为较多。GROWTH 为衡量公司成长性的指标，成长水平越高，上市公司越少通过处置金融资产实现盈利目标。Z－score 为衡量上市公司财务健康状况的指标，财务健康状况越好，金融资产处置损益越多。

**表 5－6　　盈余管理动机与金融资产处置损益**

| 变量 | 模型（1）<br>（1） | 模型（1）<br>（2） | 模型（1）<br>（3） |
|---|---|---|---|
| NK | 0.000352*** | | 0.000703*** |
| | （3.70） | | （7.30） |
| SMOOTH | | －0.00107** | －0.00113** |
| | | （－2.22） | （－2.31） |
| GROWTH | －0.00105** | －0.00109** | －0.00108** |
| | （－2.06） | （－2.15） | （－2.12） |
| SIZE | 0.000726 | 0.000739 | 0.000757 |
| | （1.08） | （1.11） | （1.13） |
| Z－score | 0.00198*** | 0.00188*** | 0.00188*** |
| | （4.67） | （4.44） | （4.42） |
| 年度 | 控制 | 控制 | 控制 |

续表

| 变量 | 模型（1）<br>（1） | 模型（1）<br>（2） | 模型（1）<br>（3） |
|---|---|---|---|
| 行业 | 控制 | 控制 | 控制 |
| Constant | 0.132*** | 0.160*** | 0.132*** |
| | (7.64) | (8.72) | (7.66) |
| $R^2$_ Within | 0.0886 | 0.092 | 0.093 |
| $R^3$_ Between | 0.016 | 0.005 | 0.006 |
| $R^4$_ Overall | 0.0212 | 0.098 | 0.022 |
| N | 4398 | 4398 | 4398 |
| F 值 | 22.09 | 22.53 | 20.83 |
| R－squared | 0.089 | 0.090 | 0.091 |

（二）资产处置对未来经营业绩和企业价值的影响

1. 资产处置影响未来经营业绩的回归分析。下面基于不同盈余管理动机分别实证检验处置经营类资产、长期股权投资和金融资产对未来经营业绩的影响。

表5－7为处置经营类资产对未来经营业绩的影响，检验了不同盈余管理动机的异常经营类资产处置损益对未来3年经营业绩的影响，F值分别为97.93、90.08和50.19等，相伴概率p值均接近于0，表明回归方程的设定相当合理。在下文的回归中，采用“OLS＋稳健标准误”的方法，有效地避免了因异方差导致的标准误偏差①。在控制了其他相关因素以及行业和年度之后，如表5－7中第（1）列、第（3）列和第（5）列所示，第t＋1年、第t＋2年和第t＋3年基于扭亏动机的资产处置损益（NK×NCAD）的系数（分别为－0.601、－0.296和－0.305）

① 回归分析后，进行了怀特检验，检验结果显示，p值等于0.0000，强烈拒绝同方差的原假设。

均为负，且在1%的水平上显著，并且第t+1年NK×NCAD系数的绝对值最大，说明公司管理层采用处置资产向上操纵盈余，在短期内（第t+1年）公司经营业绩已出现显著下滑，在第t+2年和第t+3年公司经营业绩持续显著下滑。如表第（2）列、第（4）列和第（6）列所示，第t+1年、第t+2年和第t+3年基于向下平滑利润动机的资产处置损益（SMOOTH×NCAD）的系数（分别为0.955、0.726和1.086）均为正，分别在1%、5%和1%的水平上显著，并且第t+3年NK×NCAD系数的绝对值最大，说明公司管理层采用处置资产向下操纵盈余，在短期内（第t+1年）公司经营业绩已出现显著上升趋势，在随后的第t+2年和第t+3年公司经营业绩持续显著上升。基于扭亏动机的盈余管理不利于短期经营业绩的提升，而基于向下平滑利润的盈余管理动机对外传递盈余状况平稳，公司发展良好的信息，有利于短期经营业绩的提升。控制变量中，企业规模（SIZE）与未来经营业绩之间呈显著负相关，成长性（GROWTH）与未来经营中的作用并不稳定，财务健康指数（Z-score）与未来经营业绩之间呈显著正相关，财务状况良好的上市公司有利于未来经营业绩的提升。



**表5-7　　处置经营类资产对未来经营业绩的影响**

| 变量 | $Adj-ROE_{t+1}$ | | $Adj-ROE_{t+2}$ | | $Adj-ROE_{t+3}$ | |
|---|---|---|---|---|---|---|
| | (1) | (2) | (3) | (4) | (5) | (6) |
| NCAD | -0.246*** | -0.612*** | -0.127 | -0.307*** | -0.120* | -0.310*** |
| | (-2.97) | (-11.43) | (-1.43) | (-5.35) | (-1.83) | (-6.04) |
| NK×NCAD | -0.601*** | | -0.296*** | | -0.305*** | |
| | (-5.87) | | (-2.65) | | (-3.21) | |
| SMOOTH×NCAD | | 0.955*** | | 0.726** | | 1.086*** |
| | | (2.81) | | (2.09) | | (2.67) |

续表

| 变量 | Adj - $ROE_{t+1}$ | | Adj - $ROE_{t+2}$ | | Adj - $ROE_{t+3}$ | |
|---|---|---|---|---|---|---|
| | (1) | (2) | (3) | (4) | (5) | (6) |
| Adj - $ROE_t$ | 0.530*** | 0.535*** | 0.400*** | 0.403*** | 0.335*** | 0.339*** |
| | (32.86) | (33.03) | (22.80) | (22.86) | (19.94) | (20.08) |
| GROWTH | 0.000958 | 0.000990 | -0.000897 | -0.000889 | -0.00309*** | -0.00311*** |
| | (0.94) | (0.97) | (-0.87) | (-0.86) | (-2.70) | (-2.70) |
| SIZE | -0.000862** | -0.000775** | 0.00106*** | 0.00104*** | 0.00158*** | 0.00158*** |
| | (-2.45) | (-2.22) | (-2.65) | (-2.62) | (-3.61) | (-3.60) |
| Z - score | 0.00287*** | 0.00292*** | 0.00352*** | 0.00352*** | 0.00246*** | 0.00245*** |
| | (4.68) | (4.75) | (5.37) | (5.36) | (3.94) | (3.90) |
| Constant | 0.0103 | 0.00900 | 0.0170* | 0.0125 | 0.0353*** | 0.0353*** |
| | (0.97) | (0.84) | (1.82) | (1.01) | (3.86) | (3.85) |
| F 值 | 97.93 | 90.08 | 50.19 | 49 | 47.45 | 35.85 |
| N | 14175 | 14175 | 11913 | 11913 | 9746 | 9746 |
| Adj - $R^2$ | 0.352 | 0.348 | 0.215 | 0.214 | 0.158 | 0.158 |

表 5 - 8 为处置长期股权投资对未来经营业绩的影响，分别检验了不同盈余管理动机的异常长期股权投资处置损益对未来 3 年经营业绩的影响，F 值的相伴概率 p 值均接近于 0，表明回归方程的设定相当合理。在下文的回归中，采用“OLS + 稳健标准误”的方法，有效避免了因异方差导致的标准误偏差①。在控制了其他相关因素以及行业和年度之后，如表 5 - 8 第（1）列、第（3）列和第（5）列所示，第 t + 1 年、第 t + 2 年和第 t + 3 年基于扭亏动机的资产处置损益（NK × LTEID）的系数（分别为 - 0.0909、 - 0.285 和 - 0.394）均为负且在 1% 的水平上显著，并且第 t + 3 年 NK × NCAD 系数的绝对值最大，说明公司管

① 回归分析后，进行了怀特检验，检验结果显示，p 值等于 0.0000，强烈拒绝同方差的原假设。

理层采用处置长期股权投资向上操纵盈余，在短期内（第 t+1 年）公司经营业绩已出现显著下滑，在随后的第 t+2 年和第 t+3 年公司经营业绩下滑更为显著。如表 5-8 第（2）列、第（4）列和第（6）列所示，第 t+1 年、第 t+2 年和第 t+3 年基于向下平滑利润动机的资产处置损益（SMOOTH × LTEID）的系数为负，但均不显著。基于扭亏动机的盈余管理不利于短期经营业绩的提升，而基于向下平滑利润的盈余管理动机对经营业绩并没有显著的影响。控制变量中，企业规模（SIZE）与未来经营业绩之间呈显著正相关关系，越具有成长性（GROWTH）的上市公司，越有利于未来经营业绩的提升。财务健康指数（Z-score）与未来经营业绩之间呈显著正相关关系，财务状况良好的上市公司有利于未来经营业绩的提升。

**表 5-8　处置长期股权投资对未来经营业绩的影响**

| 变量 | $Adj-ROE_{t+1}$ | | $Adj-ROE_{t+2}$ | | $Adj-ROE_{t+3}$ | |
|---|---|---|---|---|---|---|
| | (1) | (2) | (3) | (4) | (5) | (6) |
| LTEID | 0.0206 | -0.0240 | -0.174 | -0.312** | 0.187 | 0.0247 |
| | (0.76) | (-1.18) | (-1.01) | (-2.11) | (1.32) | (0.19) |
| NK × LTEID | -0.0909*** | | -0.285** | | -0.394* | |
| | (-2.61) | | (-1.98) | | (-1.74) | |
| SMOOTH × LTEID | | -0.00275 | | -0.0377 | | -0.216 |
| | | (-0.04) | | (-0.09) | | (-0.87) |
| $Adj-ROE_t$ | -0.0111** | -0.0112** | 0.226*** | 0.226*** | 0.130*** | 0.130*** |
| | (-2.30) | (-2.32) | (5.94) | (5.94) | (3.55) | (3.53) |
| GROWTH | 0.000698 | 0.000713 | 0.00696*** | 0.00702*** | 0.00368** | 0.00375** |
| | (1.51) | (1.54) | (4.56) | (4.61) | (2.13) | (2.17) |
| SIZE | 0.00210** | 0.00216** | 0.00618 | 0.00636 | 0.00505 | 0.00535 |
| | (1.97) | (2.02) | (1.22) | (1.26) | (1.10) | (1.15) |

续表

| 变量 | Adj - ROE$_{t+1}$ | | Adj - ROE$_{t+2}$ | | Adj - ROE$_{t+3}$ | |
|---|---|---|---|---|---|---|
| | (1) | (2) | (3) | (4) | (5) | (6) |
| Z - score | 0.00419*** | 0.00423*** | 0.0197*** | 0.0199*** | 0.0160*** | 0.0162*** |
| | (7.84) | (7.90) | (5.77) | (5.81) | (4.46) | (4.52) |
| Constant | 0.0573*** | 0.0570*** | -0.167*** | -0.168*** | -0.0987** | -0.100** |
| | (5.65) | (5.62) | (-4.62) | (-4.67) | (-2.46) | (-2.50) |
| F 值 | 52.14 | 51.08 | 15.62 | 15.6 | 15.62 | 8.21 |
| N | 4919 | 4919 | 4053 | 4053 | 3364 | 3364 |
| Adj - $R^2$ | 0.125 | 0.124 | 0.117 | 0.116 | 0.060 | 0.059 |

表 5 -9 为处置金融资产对未来经营业绩的影响，不同盈余管理动机的异常金融资产处置损益对未来 3 年经营业绩的影响，F 值的相伴概率 p 值均接近于 0，表明回归方程的设定相当合理。在下文的回归中，采用“OLS + 稳健标准误”的方法，有效避免了因异方差导致的标准误偏差①。在控制了其他相关因素以及行业和年度之后，如表 5 -9 第（1）列、第（3）列和第（5）列所示，第 t +1、第 t +2 年和第 t +3 年基于扭亏动机的资产处置损益（NK × FAD）的系数（分别为 -0.636、-0.312 和 -0.362）均为负，仅有第 t +1 年在 5% 的水平上显著，说明公司管理层采用处置金融资产向上操纵盈余，在短期内（第 t +1 年）公司经营业绩已出现显著下滑，而对第 t +2 年和第 t +3 年经营业绩没有显著影响。如表 5 -9 第（2）列、第（4）列和第（6）列所示，第 t +1 年、第 t +2 年和第 t +3 年基于向下平滑利润动机的资产处置损益（SMOOTH × FAD）的系数均不具有显著



① 回归分析后，进行了怀特检验，检验结果显示，p 值等于 0.0000，强烈拒绝同方差的原假设。

性。基于扭亏动机的盈余管理不利于短期经营业绩的提升，而基于向下平滑利润的盈余管理动机对经营业绩并没有显著的影响。控制变量中，企业规模（SIZE）、成长性（GROWTH）与未来经营业绩之间呈显著负相关，财务状况良好的上市公司有利于未来经营业绩的提升。

**表 5－9　　处置金融资产对未来经营业绩的影响**

| 变量 | $Adj-ROE_{t+1}$ | | $Adj-ROE_{t+2}$ | | $Adj-ROE_{t+3}$ | |
|---|---|---|---|---|---|---|
| | (1) | (2) | (3) | (4) | (5) | (6) |
| FAD | -0.265*** | -0.390*** | -0.153* | -0.162 | -0.271*** | -0.328*** |
| | (-3.80) | (-4.13) | (-1.71) | (-1.50) | (-2.93) | (-2.83) |
| NK×FAD | -0.636** | | -0.312 | | -0.362 | |
| | (-2.24) | | (-1.16) | | (-1.63) | |
| SMOOTH×FAD | | 0.160 | | -0.0570 | | 0.0441 |
| | | (1.32) | | (-0.38) | | (0.29) |
| $Adj-ROE_t$ | 0.608*** | 0.608*** | 0.509*** | 0.509*** | 0.393*** | 0.394*** |
| | (21.24) | (21.19) | (16.26) | (16.27) | (11.17) | (11.18) |
| GROWTH | -0.00187 | -0.00173 | -0.00337** | -0.00335** | -0.00161** | -0.00397* |
| | (-1.11) | (-1.03) | (-2.10) | (-2.09) | (-2.19) | (-1.94) |
| SIZE | -0.000342 | -0.000249 | -0.000663 | -0.000639 | -0.00396* | -0.00158** |
| | (-0.60) | (-0.44) | (-1.02) | (-0.98) | (-1.94) | (-2.16) |
| Z-score | 0.00379*** | 0.00395*** | 0.00383*** | 0.00391*** | 0.00383** | 0.00391** |
| | (3.36) | (3.50) | (2.91) | (2.98) | (2.37) | (2.43) |
| Constant | 0.00718 | 0.00507 | 0.0142 | 0.0131 | 0.0377** | 0.0367** |
| | (0.52) | (0.36) | (0.90) | (0.83) | (2.14) | (2.10) |
| F值 | 76.46 | 75.83 | 39.45 | 39.56 | 26.01 | 25.68 |
| N | 3220 | 3220 | 2598 | 2598 | 2159 | 2159 |
| $Adj-R^2$ | 0.424 | 0.422 | 0.308 | 0.307 | 0.222 | 0.221 |

2. 资产处置影响企业价值的回归分析。表 5－10 为处置经营类资产对企业价值的影响，基于不同盈余管理动机的异常经营类资产处置损益对企业价值的影响，F 值分别为 180.02、173.97 和 174.69，相伴概率 p 值均接近于 0，表明回归方程的设定相当合理。在下文的回归中，采用“OLS＋稳健标准误”的方法，有效避免了因异方差导致的标准误偏差①。在控制了其他相关因素以及行业和年度之后，如表 5－10 第（2）列所示，基于扭亏动机的资产处置损益（NK×NCAD）的系数（－4.618）为负且在 1%的水平上显著，如表 5－10 第（3）列所示，基于向下平滑利润动机的资产处置损益（SMOOTH×NCAD）的系数（－41.62）为负，分别在 1%的水平上显著，说明公司管理层采用处置资产的盈余管理，无论是扭亏还是向下平滑利润动机都不利于公司价值的提升。控制变量中，企业规模（SIZE）与公司价值之间呈显著负相关，成长性（GROWTH）与公司价值显著正相关，财务健康指数（Z－score）与公司价值之间呈显著正相关，财务状况良好的上市公司有利于公司价值的提升。



**表 5－10　　处置经营类资产对企业价值的影响**

| 变量 | TQ | | |
|---|---|---|---|
| | (1) | (2) | (3) |
| NCAD | 10.74*** | 13.44*** | 11.56*** |
| | (8.95) | (7.06) | (9.41) |
| NK×NCAD | | −4.618* | |
| | | (−1.92) | |

① 回归分析后，进行了怀特检验，检验结果显示，p 值等于 0.0000，强烈拒绝同方差的原假设。

续表

| 变量 | TQ | | |
| --- | --- | --- | --- |
| | (1) | (2) | (3) |
| SMOOTH × NCAD | | | -41.62*** |
| | | | (-5.98) |
| SIZE | -0.494*** | -0.495*** | -0.493*** |
| | (-50.48) | (-50.42) | (-50.43) |
| GROWTH | 0.100*** | 0.0991*** | 0.0991*** |
| | (3.96) | (3.92) | (3.93) |
| Z-score | 0.0614*** | 0.0626*** | 0.0631*** |
| | (4.71) | (4.80) | (4.85) |
| Constant | 13.04*** | 13.04*** | 13.00*** |
| | (35.37) | (35.39) | (35.26) |
| F 值 | 180.02 | 173.97 | 174.69 |
| N | 17038 | 17038 | 17038 |
| Adj-$R^2$ | 0.333 | 0.334 | 0.335 |

表 5-11 为处置长期股权投资对企业价值的影响，基于不同盈余管理动机的异常长期股权投资处置损益对企业价值的影响，F 值分别为 140.41、129.54 和 130.02，相伴概率 p 值均接近于 0，表明回归方程的设定相当合理。在下文的回归中，采用“OLS + 稳健标准误”的方法，有效避免了因异方差导致的标准误偏差[①]。在控制了其他相关因素以及行业和年度之后，如表 5-11 第（2）列所示，基于扭亏动机的资产处置损益（NK × LTEID）的系数不具备显著性，如表 5-11 第（3）列所示，基于向下平滑利润动机的资产处置损益（SMOOTH × NCAD）的系数不具备显著性，说明公司管理层采用处置长期股权投资的盈余

① 回归分析后，进行了怀特检验，检验结果显示，p 值等于 0.0000，强烈拒绝同方差的原假设。

管理，无论是扭亏还是向下平滑利润动机对公司价值提升的影响并不明确。控制变量中，企业规模（SIZE）与公司价值之间呈显著负相关，成长性（GROWTH）与公司价值显著正相关，财务健康指数（Z - score）与公司价值之间呈显著正相关，财务状况良好的上市公司有利于公司价值的提升。

**表 5 - 11　　处置长期股权投资对企业价值的影响**

| 变量 | TQ | | |
|---|---|---|---|
| | (1) | (2) | (3) |
| LTEID | 7.377*** | 8.816*** | 7.629*** |
| | (5.91) | (4.93) | (5.72) |
| NK × LTEID | | -2.802 | |
| | | (-1.18) | |
| SMOOTH × LTEID | | | -2.909 |
| | | | (-1.00) |
| SIZE | -0.540*** | -0.540*** | -0.539*** |
| | (-34.58) | (-34.58) | (-34.58) |
| GROWTH | 0.0546 | 0.0523 | 0.0549 |
| | (1.41) | (1.35) | (1.42) |
| Z - score | 0.0416* | 0.0405* | 0.0419* |
| | (1.78) | (1.73) | (1.79) |
| Constant | 13.05*** | 13.06*** | 13.04*** |
| | (37.35) | (37.36) | (37.34) |
| F 值 | 140.41 | 129.54 | 130.02 |
| N | 5557 | 5557 | 5557 |
| Adj - $R^2$ | 0.362 | 0.362 | 0.362 |

表 5 - 12 为处置金融资产对企业价值的影响，基于不同盈余管理动机的异常长期股权投资处置损益对企业价值的影响，F 值

分别为94.01、86.81和87.04，相伴概率p值均接近于0，表明回归方程的设定相当合理。在下文的回归中，采用"OLS+稳健标准误"的方法，有效避免了因异方差导致的标准误偏差①。在控制了其他相关因素以及行业和年度之后，如表5-12第（2）列所示，基于扭亏动机的资产处置损益（NK×FAD）的系数不具备显著性，如表5-12第（3）列所示，基于向下平滑利润动机的资产处置损益（SMOOTH×FAD）的系数不具备显著性，说明公司管理层采用处置金融资产的盈余管理，无论是扭亏还是向下平滑利润动机对公司价值提升的影响并不明确。控制变量中，企业规模（SIZE）与公司价值之间呈显著负相关，成长性（GROWTH）与公司价值显著负相关，财务健康指数（Z-score）与公司价值之间呈显著正相关，财务状况良好的上市公司有利于公司价值的提升。

**表5-12　处置金融资产对企业价值的影响**

| 变量 | TQ | | |
|---|---|---|---|
| | (1) | (2) | (3) |
| FAD | 6.983*** | 6.829*** | 8.635*** |
| | (3.71) | (3.72) | (3.42) |
| NK×FAD | | 1.595 | |
| | | (0.19) | |
| SMOOTH×FAD | | | -4.478 |
| | | | (-1.32) |
| SIZE | -0.0332 | -0.0330 | -0.0335 |
| | (-0.98) | (-0.98) | (-0.99) |

① 回归分析后，进行了怀特检验，检验结果显示，p值等于0.0000，强烈拒绝同方差的原假设。

续表

| 变量 | TQ | | |
|---|---|---|---|
| | (1) | (2) | (3) |
| GROWTH | -0.485*** | -0.485*** | -0.485*** |
| | (-27.61) | (-27.66) | (-27.65) |
| Z-score | 0.103*** | 0.104*** | 0.105*** |
| | (3.79) | (3.81) | (3.87) |
| Constant | 11.83*** | 11.83*** | 11.83*** |
| | (29.77) | (29.82) | (29.82) |
| F值 | 94.01 | 86.81 | 87.04 |
| N | 3996 | 3996 | 3996 |
| Adj-$R^2$ | 0.317 | 0.317 | 0.317 |

综上所述，基于扭亏动机，处置经营类资产不利于未来经营业绩和企业价值的提升，处置长期股权投资对未来经营业绩有负面影响，对企业价值影响无显著影响，处置金融资产对短期（第1年）的经营业绩有负面影响，对后期经营业绩和企业价值并无显著影响；基于向下平滑利润动机，处置经营类资产有利于未来经营业绩的提升，处置长期股权投资和金融资产对未来经营业绩无显著影响；处置经营类资产对企业价值有负面影响，处置长期股权投资和金融资产对企业价值无显著影响。具体分析如表5-13所示。可能的原因在于，向下平滑利润后，企业业绩水平相对稳定，起到了良好的信号传递效应。

（三）内部治理机制的调节效应

表5-14和表5-15分别从公司内部治理机制的4个维度检验其对基于不同盈余管理动机的非流动资产处置损益的抑制作用。

表 5－13　资产处置影响未来经营业绩和企业价值的汇总表

| 盈余管理动机 | 处置资产类别 | $Adj-ROA_{t+1}$ | $Adj-ROA_{t+2}$ | $Adj-ROA_{t+3}$ | TQ |
|---|---|---|---|---|---|
| 扭亏动机 | 经营类资产 | 显著－ | 显著－ | 显著－ | 显著－ |
| | 长期股权投资 | 显著－ | 显著－ | 显著－ | 不显著 |
| | 金融资产 | 显著－ | 不显著 | 不显著 | 不显著 |
| 向下平滑利润动机 | 经营类资产 | 显著＋ | 显著＋ | 显著＋ | 显著－ |
| | 长期股权投资 | 不显著 | 不显著 | 不显著 | 不显著 |
| | 金融资产 | 不显著 | 不显著 | 不显著 | 不显著 |

表 5－14　董事会特征的调节效应

| 变量 | 模型（2）<br>ICG = BOARDSIZE | 模型（2）<br>ICG = INDBOARD | 模型（2）<br>ICG = DUALITY | 模型（2）<br>ICG = DMEETING |
|---|---|---|---|---|
| NK | 0.0461*** | 0.0299*** | 0.0310*** | 0.0295*** |
| | (22.04) | (10.42) | (67.70) | (24.11) |
| SMOOTH | －0.00601*** | －0.00552*** | －0.00506*** | －0.00340*** |
| | (－6.68) | (－4.44) | (－24.92) | (－6.96) |
| ICG | －2.13e－05 | 0.000807 | 0.000155 | 0.000271*** |
| | (－0.20) | (0.27) | (0.42) | (6.86) |
| NK × ICG | －0.00168*** | 0.00371 | 0.00250** | 0.000171 |
| | (－7.25) | (0.48) | (2.27) | (1.51) |
| SMOOTH × ICG | 0.000106 | 0.00122 | －7.13e－05 | －0.000177*** |
| | (1.08) | (0.37) | (－0.17) | (－3.67) |
| GROWTH | 0.00336*** | 0.00336*** | 0.00334*** | 0.00317*** |
| | (4.02) | (4.01) | (4.02) | (3.81) |
| SIZE | －0.00207*** | －0.00210*** | －0.00203*** | －0.00219*** |
| | (－9.49) | (－9.60) | (－9.35) | (－10.02) |
| Z－score | 0.0498*** | 0.0499*** | 0.0501*** | 0.0497*** |
| | (26.81) | (26.86) | (27.09) | (26.93) |

续表

| 变量 | 模型（2）<br>ICG = BOARDSIZE | 模型（2）<br>ICG = INDBOARD | 模型（2）<br>ICG = DUALITY | 模型（2）<br>ICG = DMEETING |
|---|---|---|---|---|
| 年度 | 控制 | 控制 | 控制 | 控制 |
| 行业 | 控制 | 控制 | 控制 | 控制 |
| Constant | 0.0451*** | 0.0454*** | 0.0442*** | 0.0472*** |
| | (4.10) | (4.10) | (4.00) | (5.97) |
| $R^2$_ Within | 0.3621 | 0.3596 | 0.3617 | 0.3633 |
| $R^2$_ Between | 0.2852 | 0.2801 | 0.2866 | 0.5928 |
| $R^2$_ Overall | 0.3663 | 0.3634 | 0.3665 | 0.3696 |
| N | 17327 | 17326 | 17446 | 17416 |
| Number of code | 2736 | 2736 | 2737 | 2736 |
| F 值 | 250.4 | 247.72 | 252.03 | 253.26 |

表5-14分别从董事会规模、两职合一、独立董事比例和行为特征四个方面分析了董事会特征对基于扭亏和向下平滑利润动机的非流动资产处置的抑制作用，回归结果表明：第（1）列所示，董事会规模（ICG = BOARDSIZE）与基于扭亏动机的非流动资产处置损益（NK × ICG）（系数为-0.00168，t值为-7.25）负相关，且在1%的水平上显著；与基于向下平滑利润动机的非流动资产处置损益（NK × ICG）正相关，但不具体有显著性，说明董事会规模能够抑制基于扭亏动机的盈余管理行为。第（2）列所示，独立董事比例（ICG = INDBOARD）与基于扭亏和大清洗动机的非流动资产处置资产损益正相关，但不具有显著性，独立董事并没有因其丰富的执业经验和专业的学术背景，对处置资产的真实盈余管理行为起到一定的抑制作用。第（3）列所示，董事长与总经理两职合一（ICG = DUALITY）与基于扭亏动机的非流动资产处置损益正相关，在5%的水平上显著。与向

下平滑利润动机的非流动资产处置损益无相关关系，董事长和总经理两职合一的上市公司在一定程度上对扭亏的盈余管理行为有较好的监督作用，对向下平滑利润的盈余管理动机并无抑制作用。第（4）列所示，董事会开会次数（ICG = DMEETING）与基于扭亏动机的非流动资产处置损益无显著相关关系，对基于向下平滑利润动机的盈余管理负相关，在1%的水平上显著，董事会越勤勉，其盈余管理水平越低。董事们通过多次参与董事会会议，对企业经营状况有较为全面的了解，便于对管理层实行监督。

表5－15分别从股权集中度、股权制衡度、高管持股比例、高管薪酬、监事会规模和行为特征六个方面分析了其对基于扭亏和向下平滑利润动机的非流动资产处置的抑制作用。回归结果表明：如第（1）列所示，第一大股东持股比例（ICG = TOP1）与基于扭亏动机的非流动资产处置损益负相关（NK × ICG 系数为－0.000135，t 值为－4.55），且通过了1%显著性水平的检验，与向下平滑利润动机的资产处置损益正相关（NK × ICG 系数为0.000044，t 值为3.81），且通过了1%显著性水平的检验。我国上市公司中适度的“一股独大”，在一定程度上能够缓解小股东“搭便车”问题，有利于降低公司的代理成本，提高盈利信息质量。如第（2）列所示，股权制衡度（ICG = BALANCE）与基于扭亏动机的资产处置损益负相关（NK × ICG 系数为－0.000102，t 值为－7.03），且通过了1%显著性水平的检验，代表股权制衡度的第二至第五大股东比例，对扭亏动机的盈余管理发挥了监督作用，对于向下平滑利润动机的盈余管理的监督作用不明显。如第（3）和第（4）列所示，监事会开会次数（ICG = JMEETING）与基于扭亏和向下平滑利润动机的资产处置损益无相关关系，监事会规模（ICG = JSH）能够抑制扭亏动机的资产处置行

表 5-15　股权结构、监事会特征和管理层激励的调节效应

| 变量 | 模型（2）<br>ICG = TOP1 | 模型（2）<br>ICG = BALANCE | 模型（2）<br>ICG = JMEETING | 模型（2）<br>ICG = JSH | 模型（2）<br>ICG = MSHARE | 模型（2）<br>ICG = GGXC |
|---|---|---|---|---|---|---|
| NK | 0.0355*** | 0.0332*** | 0.0278*** | 0.0427*** | 0.0414*** | 0.0708*** |
| | (35.04) | (68.16) | (14.90) | (28.69) | (27.24) | (8.91) |
| SMOOTH | -0.00667*** | -0.00490*** | -0.00680*** | -0.00513*** | -0.00539*** | -0.0128*** |
| | (-14.68) | (-23.64) | (-8.58) | (-8.42) | (-9.10) | (-3.73) |
| ICG | -3.18e-05** | 1.94e-05*** | 3.89e-05 | 0.000360* | -0.00105*** | -0.000289 |
| | (-1.99) | (3.27) | (0.35) | (1.78) | (-3.51) | (-1.01) |
| NK × ICG | -0.000135*** | -0.000102*** | 8.70e-05 | -0.00299*** | -0.00287*** | -0.00285*** |
| | (-4.55) | (-7.35) | (0.25) | (-7.96) | (-7.51) | (-4.98) |
| SMOOTH × ICG | 4.40e-05*** | -1.27e-05* | 0.000229 | 1.97e-05 | 7.67e-05 | 0.000544** |
| | (3.82) | (-1.75) | (1.59) | (0.13) | (0.51) | (2.24) |
| GROWTH | 0.00329*** | 0.00329*** | -0.000305 | 0.00345*** | 0.00342*** | 0.00325*** |
| | (3.96) | (3.96) | (-0.21) | (4.17) | (3.98) | (3.90) |
| SIZE | -0.00199*** | -0.00200*** | -0.00142*** | -0.00205*** | -0.00199*** | -0.00201*** |
| | (-9.08) | (-9.22) | (-3.85) | (-9.45) | (-8.86) | (-8.91) |
| Z-score | 0.0502*** | 0.0501*** | 0.0494*** | 0.0501*** | 0.0515*** | 0.0502*** |
| | (27.05) | (27.15) | (18.08) | (27.13) | (27.03) | (26.71) |

续表

| 变量 | 模型（2）<br>ICG = TOP1 | 模型（2）<br>ICG = BALANCE | 模型（2）<br>ICG = JMEETING | 模型（2）<br>ICG = JSH | 模型（2）<br>ICG = MSHARE | 模型（2）<br>ICG = GGXC |
|---|---|---|---|---|---|---|
| 年度 | 控制 | 控制 | 控制 | 控制 | 控制 | 控制 |
| 行业 | 控制 | 控制 | 控制 | 控制 | 控制 | 控制 |
| Constant | 0.0445*** | 0.0456*** | 0.0347*** | 0.0443*** | 0.0434*** | 0.0480*** |
| | (4.03) | (5.77) | (3.44) | (5.59) | (3.92) | (4.20) |
| $R^2$_Within | 0.3629 | 0.3636 | 0.3117 | 0.3639 | 0.3543 | 0.3626 |
| $R^2$_Between | 0.2985 | 0.3016 | 0.2099 | 0.3038 | 0.3483 | 0.2903 |
| $R^2$_Overall | 0.3708 | 0.3717 | 0.2813 | 0.3719 | 0.3688 | 0.3677 |
| N | 17429 | 17429 | 17429 | 17429 | 17429 | 17429 |
| F 值 | 253.04 | 253.75 | 104.38 | 254.17 | 231.57 | 252.26 |

为，与向下平滑利润动机的盈余管理无显著相关关系。如第（5）列所示，管理层持股比例（ICG = MSHARE）与基于扭亏动机的盈余管理显著负相关（NK × ICG 系数为 -0.00287，t 值为 -7.51），在 1% 的水平上显著；与向下平滑利润动机的盈余管理无显著相关关系，说明高管持股比例越高，其切身利益与公司未来发展息息相关，各期利润较为平稳，对管理层的业绩评价更有利。如第（6）列所示，高管薪酬（ICG = GGXC）与基于扭亏动机的资产处置损益负相关（NK × ICG 系数为 -0.00285，t 值为 -4.98），在 1% 的水平上显著；与基于向下平滑利润动机的资产处置损益正相关（NK × ICG 系数为 0.000544，t 值为 2.24），通过 5% 显著性水平的检验。2005 年，我国上市公司中开始实施股权激励机制，现已初见成效，高管薪酬设计在一定程度上克服了短期行为，规范了上市公司的财务行为。

综合所述，基于扭亏的盈余管理动机，董事会规模、第一大股东持股、股权制衡度、监事会规模、管理层持股比例和高管薪酬有明显的抑制作用；基于向下平滑利润的盈余管理动机，董事会开会次数、第一大股东持股比例和高管薪酬有显著的抑制作用。

（四）外部治理机制的调节效应

表 5 - 16 外部治理机制对盈余管理的调节效应，F 值分别为 69.26、67.76 和 67.05，相伴概率 p 值均接近于 0，表明回归方程的设定合理。

具体而言，如第（1）列所示，产品市场竞争程度（ECG = PMC）与基于扭亏动机的盈余管理负相关（NK × ECG 系数为 -0.0537，t 值为 -21.36），在 1% 的水平上显著；与基于向下平滑利润动机的盈余管理正相关（NK × ECG 系数为 0.0044，t 值为 3.44），在 1% 的水平上显著。这说明外部产品竞争对基于处置资产的盈余管理活动有较为明显的监督作用，产品市场竞争有利于降低市场信息的不对称程度，同行业中竞争企业越多，信息不对称程度越低，则盈余管理程度越低。如第（2）列所示，分析师跟踪（ECG = ANALYSIS）与基于扭亏动机的盈余管理正相关（NK × ECG 系数为 0.00118，t 值为 4.16），在 1% 的水平上显著，且相关系数明显小于扭亏动机（NK 系数 0.0238，t 值为 26.71）；与基于向下平滑利润动机的盈余管理正相关（NK × ECG 系数为 0.000990，t 值为 2.11），在 5% 的水平上显著。基于处置资产的盈余管理属于真实的投资活动，向下平滑利润动机更为隐蔽，拥有金融学、会计学等专业知识，具有识别枯燥的会计报表和报表附注信息能力的分析师，对某一公司长期跟踪、定期走访，能够识别向下平滑利润的盈余管理活动。如第（3）列所示，机构投资者持股（ECG = JGCG）对与基于扭亏动机和向下平滑利润动机的盈余管理无显著相关关系。机构投资者只关注短期利润，频繁的交易会促使被投资公司的短视行为，在公司治理中无法发挥积极的作用。



**表 5 – 16　　外部治理机制的调节效应**

| 变量 | 模型（3）<br>ECG = PMC | 模型（3）<br>ECG = ANALYSIS | 模型（3）<br>ECG = JGCG |
|---|---|---|---|
| NK | 0.0295 *** | 0.0238 *** | 0.0297 *** |
| | (71.77) | (26.71) | (54.22) |
| SMOOTH | –0.00543 *** | –0.00500 *** | –0.00487 *** |
| | (–23.42) | (–16.59) | (–21.18) |
| ECG | –0.0162 *** | –0.000116 *** | –1.38e–05 |
| | (–14.23) | (–2.82) | (–0.71) |
| NK × ECG | –0.0537 *** | 0.00118 *** | –4.26e–05 |
| | (–21.36) | (4.16) | (–0.77) |

续表

| 变量 | 模型（3）<br>ECG = PMC | 模型（3）<br>ECG = ANALYSIS | 模型（3）<br>ECG = JGCG |
|---|---|---|---|
| SMOOTH × ECG | 0.00440*** | 9.92e-05** | -1.60e-05 |
| | (3.44) | (2.11) | (-0.87) |
| GROWTH | 6.39e-05 | 0.00233*** | 0.000108 |
| | (0.85) | (6.32) | (1.38) |
| SIZE | -0.000835*** | -0.000517* | -0.00159*** |
| | (-4.01) | (-1.78) | (-7.01) |
| Z - score | 0.0615*** | 0.0360*** | 0.0473*** |
| | (30.07) | (14.61) | (25.03) |
| 年度 | 控制 | 控制 | 控制 |
| 行业 | 控制 | 控制 | 控制 |
| Constant | 0.0232*** | 0.0130 | 0.0378*** |
| | (3.03) | (1.38) | (3.57) |
| $R^2$_ Within | 0.40 | 0.2856 | 0.3388 |
| $R^2$_ Between | 0.37 | 0.198 | 0.2658 |
| $R^2$_ Overall | 0.42 | 0.282 | 0.3243 |
| N | 17440 | 9331 | 14851 |
| F 值 | 298.90 | 83.39 | 188.43 |



## 四、稳健性检验

### （一）重新定义被解释变量

用基于国外发达资本市场的异常资产处置损益估计模型估计我国上市公司异常资产处置损益，存在一定的局限性。模型的某些变量无法获取准确的数值，比如资产出售金额，在现金流量表中虽有体现，但并没有包括所有资产出售获得的现金。股东权益的市场价值在我国资本市场中无法准确地估计股东权益的市场价值。因此，本书借鉴王福胜（2013）计算异常资产处置损益的方法，用实际发生的非流动资产处置损益减去相应年度同行业的中位数，行业中位数的计算以行业三位数代码为划分标准，以保证估计结果更为精确，其他变量定义同上文，回归结果如表5-17所示。为了达到扭亏为盈的目的，上市公司会处置非流动资产进行正向盈余管理，会利用非流动资产处置损失向下平滑利润，该回归结果与前文保持一致。

**表5-17　稳健性检验1——重新定义被解释变量**

| 变量 | NCAD<br>(1) | NCAD<br>(2) | NCAD<br>(3) |
|---|---|---|---|
| NK | 0.0104*** | | 0.00992*** |
| | (17.65) | | (16.63) |
| SMOOTH | | -0.0211*** | -0.00147*** |
| | | (-8.16) | (-5.68) |
| GROWTH | -0.00444*** | -0.00408*** | -0.00459*** |
| | (-3.78) | (-3.44) | (-3.91) |
| SIZE | 0.00348*** | 0.00320*** | 0.00351*** |
| | (11.32) | (10.34) | (11.41) |
| Z-score | -0.0231*** | -0.0149*** | -0.0203*** |
| | (-8.96) | (-5.69) | (-7.76) |
| 年度 | 控制 | 控制 | 控制 |
| 行业 | 控制 | 控制 | 控制 |
| Constant | -0.0576*** | -0.0649*** | -0.0689*** |
| | (-3.68) | (-5.74) | (-6.16) |
| $R^2$_Within | 0.0508 | 0.035 | 0.529 |
| $R^2$_Between | 0.0922 | 0.094 | 0.0906 |
| $R^2$_Overall | 0.0527 | 0.0452 | 0.0537 |
| N | 17446 | 17446 | 17446 |
| F值 | 27.09*** | 18.38*** | 27.32*** |

（二）不同的回归方法——内部治理机制的调节效应

为了保证回归结果的稳健性，回归单一的内部治理变量以及该内部治理变量与盈余管理动机的交乘项时，将其他内部治理变量作为控制变量，在同一模型中回归，研究公司治理机制对上市公司利用资产处置损益从事盈余管理行为的抑制作用。回归结果与前文研究结论基本保持一致。

**表 5-18　稳健性检验 2——董事会特征的调节效应**

| 变量 | 模型（2）<br>ICG = BOARDSIZE | 模型（2）<br>ICG = INDBOARD | 模型（2）<br>ICG = DUALITY | 模型（2）<br>ICG = DMEETING |
|---|---|---|---|---|
| NK | 0.0393*** | 0.0109* | 0.00925*** | 0.00826*** |
| | (11.21) | (1.77) | (9.34) | (3.00) |
| SMOOTH | -0.00551*** | -0.00620** | -0.00181*** | -0.00272*** |
| | (-3.90) | (-2.27) | (-4.26) | (-2.58) |
| NK × ICG | -0.00131*** | -0.00477 | -0.000420 | 9.33e-05 |
| | (-3.43) | (-0.28) | (-0.17) | (0.36) |
| SMOOTH × ICG | -7.45e-06 | 0.0117 | -0.000483 | 8.73e-05 |
| | (-0.05) | (1.59) | (-0.50) | (0.84) |
| BOARDSIZE | 9.17e-05 | 0.000150 | 0.000155 | 0.000155 |
| | (0.48) | (0.63) | (0.65) | (0.65) |
| INDBOARD | -0.00512 | -0.0113 | -0.00664 | -0.00668 |
| | (-1.15) | (-1.60) | (-1.09) | (-1.09) |
| DUALITY | -0.000109 | -0.000601 | -0.000347 | -0.000587 |
| | (-0.20) | (-0.82) | (-0.40) | (-0.80) |
| DMEETING | 0.000235*** | -0.000316*** | -0.000317*** | -0.000357*** |
| | (4.11) | (-4.02) | (-4.03) | (-3.91) |
| TOP1 | 3.55e-06 | 0.000144*** | 0.000144*** | 0.000143*** |
| | (0.13) | (3.72) | (3.72) | (3.69) |

续表

| 变量 | 模型（2）<br>ICG = BOARDSIZE | 模型（2）<br>ICG = INDBOARD | 模型（2）<br>ICG = DUALITY | 模型（2）<br>ICG = DMEETING |
|---|---|---|---|---|
| BALANCE | 1.06e-05 | -2.34e-06 | -2.27e-06 | -2.04e-06 |
| | (1.31) | (-0.21) | (-0.20) | (-0.18) |
| JSH | 0.000144 | -0.000287 | -0.000286 | -0.000295 |
| | (0.43) | (-0.63) | (-0.62) | (-0.64) |
| JMEETING | -1.88e-05 | 0.000530*** | 0.000524*** | 0.000519*** |
| | (-0.20) | (4.01) | (3.97) | (3.93) |
| MSHARE | -0.000929* | -0.00541*** | -0.00543*** | -0.00544*** |
| | (-1.65) | (-7.00) | (-7.03) | (-7.03) |
| GGXC | 3.28e-06 | 0.00115** | 0.00113** | 0.00114** |
| | (0.01) | (2.03) | (2.01) | (2.02) |
| GROWTH | -0.00125 | -0.000489 | -0.000549 | -0.000495 |
| | (-0.83) | (-0.24) | (-0.27) | (-0.24) |
| SIZE | -0.00132*** | 0.00341*** | 0.00344*** | 0.00345*** |
| | (-3.21) | (6.03) | (6.11) | (6.12) |
| Z-score | 0.0486*** | -0.0233*** | -0.0233*** | -0.0232*** |
| | (16.66) | (-5.82) | (-5.81) | (-5.78) |
| 年度 | 控制 | 控制 | 控制 | 控制 |
| 行业 | 控制 | 控制 | 控制 | 控制 |
| Constant | 0.0307*** | -0.0798*** | -0.0821*** | -0.0818*** |
| | (2.63) | (-4.96) | (-5.12) | (-5.10) |
| $R^2$_Within | 0.3061 | 0.0607 | 0.603 | 0.0604 |
| $R^2$_Between | 0.2088 | 0.1276 | 0.1284 | 0.1286 |
| $R^2$_Overall | 0.2725 | 0.0601 | 0.0602 | 0.0603 |
| N | 8886 | 8886 | 8886 | 8886 |
| F值 | 72.14 | 10.56 | 10.49 | 10.51 |

如表5-18和表5-19所示，董事会规模、第一大股东持股比例和管理层持股比例对基于扭亏动机的盈余管理行为有明显的抑制作用；第一大股东持股比例和监事会开会次数对向下平滑利润的盈余管理行为发挥了明显的监督作用。

表 5－19　　稳健性检验 3——股权结构、监事会特征和管理层激励的调节效应

| 变量 | 模型（2）<br>ICG = TOP1 | 模型（2）<br>ICG = BALANCE | 模型（2）<br>ICG = JMEETING | 模型（2）<br>ICG = JSH | 模型（2）<br>ICG = MSHARE | 模型（2）<br>ICG = GGXC |
|---|---|---|---|---|---|---|
| NK | 0.0319 *** | 0.00966 *** | 0.0129 *** | 0.0130 *** | 0.00964 *** | －0.00882 |
| | (19.96) | (9.10) | (4.82) | (4.00) | (10.21) | (－0.51) |
| SMOOTH | －0.00759 *** | －0.00157 *** | －0.00454 *** | －0.00232 * | －0.00192 *** | －0.00596 |
| | (－10.80) | (－3.50) | (－4.04) | (－1.78) | (－4.61) | (－0.87) |
| NK × ICG | －0.000147 *** | －2.46e－05 | －0.000733 | －0.000999 | －0.0122 ** | 0.00131 |
| | (－3.10) | (－0.94) | (－1.48) | (－1.23) | (－1.99) | (1.05) |
| SMOOTH × ICG | 5.51e－05 *** | －2.21e－05 | 0.000513 ** | 0.000112 | 5.31e－05 | 0.000291 |
| | (3.10) | (－1.51) | (2.51) | (0.35) | (0.07) | (0.59) |
| BOARDSIZE | 2.69e－05 | 0.000162 | 0.000146 | 0.000151 | 0.000158 | 0.000156 |
| | (0.15) | (0.67) | (0.61) | (0.63) | (0.66) | (0.65) |
| INDBOARD | －0.00530 | －0.00649 | －0.00661 | －0.000574 | －0.00646 | －0.000561 |
| | (－1.19) | (－1.06) | (－1.08) | (－0.78) | (－1.06) | (－0.76) |
| DUALITY | －0.000145 | －0.000570 | －0.000625 | －0.00664 | －0.000600 | －0.00675 |
| | (－0.27) | (－0.77) | (－0.85) | (－1.09) | (－0.81) | (－1.11) |

续表

| 变量 | 模型（2）<br>ICG = TOP1 | 模型（2）<br>ICG = BALANCE | 模型（2）<br>ICG = JMEETING | 模型（2）<br>ICG = JSH | 模型（2）<br>ICG = MSHARE | 模型（2）<br>ICG = GGXC |
|---|---|---|---|---|---|---|
| DMEETING | 0.000235*** | -0.000314*** | -0.000319*** | -0.000318*** | -0.000317*** | -0.000316*** |
| | (4.11) | (-4.01) | (-4.07) | (-4.05) | (-4.04) | (-4.03) |
| TOP1 | -1.69e-05 | 0.000145*** | 0.000142*** | 0.000143*** | 0.000143*** | 0.000144*** |
| | (-0.57) | (3.74) | (3.66) | (3.69) | (3.70) | (3.72) |
| BALANCE | 1.27e-05 | 8.20e-06 | -2.29e-06 | -2.13e-06 | -2.37e-06 | -2.18e-06 |
| | (1.56) | (0.64) | (-0.21) | (-0.19) | (-0.21) | (-0.20) |
| JSH | 0.000184 | -0.000294 | -0.000292 | -0.000282 | -0.000292 | -0.000289 |
| | (0.55) | (-0.64) | (-0.64) | (-0.59) | (-0.64) | (-0.63) |
| JMEETING | -1.58e-05 | 0.000522*** | 0.000304* | 0.000526*** | 0.000530*** | 0.000524*** |
| | (-0.16) | (3.96) | (1.81) | (3.98) | (4.01) | (3.97) |
| MSHARE | -0.000918 | -0.00547*** | -0.00535*** | -0.00544*** | -0.00547*** | -0.00545*** |
| | (-1.63) | (-7.08) | (-6.93) | (-7.03) | (-5.80) | (-7.04) |
| GGXC | -7.17e-06 | 0.00115** | 0.00112** | 0.00112** | 0.00112** | 0.000946 |
| | (-0.02) | (2.03) | (1.98) | (1.99) | (1.99) | (1.54) |
| GROWTH | -0.00127 | -0.000540 | -0.000503 | -0.000511 | -0.000504 | -0.000502 |
| | (-0.85) | (-0.26) | (-0.24) | (-0.25) | (-0.24) | (-0.24) |

续表

| 变量 | 模型（2）<br>ICG = TOP1 | 模型（2）<br>ICG = BALANCE | 模型（2）<br>ICG = JMEETING | 模型（2）<br>ICG = JSH | 模型（2）<br>ICG = MSHARE | 模型（2）<br>ICG = GGXC |
|---|---|---|---|---|---|---|
| SIZE | -0.00130*** | 0.00346*** | 0.00345*** | 0.00345*** | 0.00347*** | 0.00345*** |
| | (-3.18) | (6.13) | (6.12) | (6.12) | (6.15) | (6.12) |
| Z - score | 0.0488*** | -0.0233*** | -0.0231*** | -0.0233*** | -0.0233*** | -0.0228*** |
| | (16.72) | (-5.80) | (-5.75) | (-5.80) | (-5.80) | (-5.65) |
| 年度 | 控制 | 控制 | 控制 | 控制 | 控制 | 控制 |
| 行业 | 控制 | 控制 | 控制 | 控制 | 控制 | 控制 |
| Constant | 0.0316*** | -0.0828*** | -0.0808*** | -0.0822*** | -0.0825*** | -0.0796*** |
| | (2.72) | (-5.17) | (-5.05) | (-5.13) | (-5.15) | (-4.88) |
| $R^2$_ Within | 0.3071 | 0.0607 | 0.0617 | 0.0605 | 0.0608 | 0.0604 |
| $R^2$_ Between | 0.2174 | 0.128 | 0.1292 | 0.1286 | 0.1284 | 0.1279 |
| $R^2$_ Overall | 0.2783 | 0.0602 | 0.061 | 0.0602 | 0.0604 | 0.0602 |
| N | 8886 | 8886 | 8886 | 8886 | 8886 | 8886 |
| F 值 | 72.5 | 10.56 | 10.75 | 10.53 | 10.59 | 10.52 |

（三）不同的回归方法——外部治理机制的调节效应

如表5-20所示，基于扭亏动机的盈余管理，产品市场竞争程度、机构投资者持股和分析师跟踪都发挥了一定的监督作用；基于向下平滑利润动机的盈余管理，产品市场竞争程度和分析师跟踪发挥了一定的监督作用。该回归结果与前文基本一致。

**表5-20　　稳健性检验4——外部治理的调节效应**

| 变量 | 模型（3）<br>ECG = PMC | 模型（3）<br>ECG = ANALYSIS | 模型（3）<br>ECG = JGCG |
|---|---|---|---|
| NK | 0.0248*** | 0.0210*** | 0.0254*** |
| | (35.46) | (21.63) | (29.88) |
| SMOOTH | -0.00492*** | -0.00492*** | -0.00426*** |
| | (-15.29) | (-15.65) | (-15.07) |
| JGCG | -0.0225*** | -0.0238*** | -0.0237*** |
| | (-11.25) | (-13.00) | (-12.92) |
| PMC | -3.32e-05 | -9.53e-05** | -2.93e-05 |
| | (-1.16) | (-2.32) | (-1.02) |
| ANALYSIS | -2.83e-05 | -2.97e-05 | -1.25e-05 |
| | (-1.44) | (-1.50) | (-0.56) |
| NK×ECG | -0.0443*** | 0.00132*** | -0.000168** |
| | (-7.40) | (4.64) | (-2.33) |
| SMOOTH×ECG | 0.00319* | 9.44e-05** | -2.54e-05 |
| | (1.80) | (2.02) | (-1.21) |
| GROWTH | 0.00465*** | 0.00474*** | 0.00475*** |
| | (5.04) | (5.12) | (5.13) |
| SIZE | -9.71e-05 | -0.000149 | -0.000179 |
| | (-0.30) | (-0.46) | (-0.56) |
| Z-score | 0.0606*** | 0.0635*** | 0.0629*** |
| | (17.86) | -18.79 | (18.60) |

续表

| 变量 | 模型（3）<br>ECG = PMC | 模型（3）<br>ECG = ANALYSIS | 模型（3）<br>ECG = JGCG |
|---|---|---|---|
| 年度 | 控制 | 控制 | 控制 |
| 行业 | 控制 | 控制 | 控制 |
| Constant | 0.0161 | 0.00499 | 0.0186* |
| | (1.56) | (0.47) | (1.78) |
| $R^2$_ Within | 0.29 | 0.2876 | 0.2855 |
| $R^2$_ Between | 0.34 | 0.3075 | 0.3055 |
| $R^2$_ Overall | 0.30 | 0.2854 | 0.2831 |
| N | 8221.00 | 8221 | 8221 |
| F 值 | 69.26 | 67.76 | 67.05 |

## 本章小结

在我国的制度背景下，鉴于资产处置会计处理的特殊性，考察了处置资产的盈余管理动机，进一步分析了不同盈余管理动机对未来经营业绩和企业价值的影响，并从内部治理机制的四个维度和外部治理机制分别构建模型，分析内外部治理机制对盈余管理的调节效应，得出了如下结论：

2007～2015 年，处置的资产整体表现为处置收益，且呈逐年递增趋势。中国证监会对上市公司特别处理及暂停上市的规定中，对盈利能力的硬性要求，是上市公司实施盈余管理的制度诱因，为了实现扭亏为盈，上市公司会利用非流动资产处置收益粉饰财务报表；为避免盈余大幅度波动或规避税收风险，上市公司可能处置资产获取处置损失实现下平滑利润。进一步分析，不同盈余管理的经济后果，基于扭亏动机的盈余管理，处置经营类资产对未来经营业绩和企业价值都有负面影响，处置长期股权投资对未来经营业绩有负面影响，对企业价值并无显著影响，处置金融资产对短期经营业绩有负面影响，对企业价值并无显著影响；基于向下平滑利润动机的盈余管理，处置经营类资产对未来经营业绩有正向影响，而对企业价值存在负向的影响，处置长期股权投资和金融资产对未来经营业绩和企业价值并无显著影响，究其原因在于利润的平滑对外传递公司经营状况良好的信息。

从实证检验结果来看，第一大股东持股比例和高管持股比例在抑制真实盈余管理中发挥了积极的作用；外部产品市场竞争以及分析师的跟踪在一定程度上抑制了盈余管理行为的发生。总体而言，内外部治理机制抑制扭亏动机都发挥了监督作用，但是外部治理对平滑利润动机的盈余管理抑制作用更为明显。总之，我国的内部治理机制作为监督管理层提供会计信息的机制，仍然存在一定的缺陷。

# 第六章 企业资产处置损益的价值相关性分析

无论何种动因而发生处置资产行为，都会影响非经常性损益，非经常性损益已经成为监管部门的监管对象，也引起了投资者的广泛关注，资产处置损益作为非经常性损益的组成部分，其发生频率和金额已经成为日常活动不可或缺的部分，下面检验各类资产处置损益及其披露方式的价值相关性。



## 第一节 问题的提出

随着我国资本市场的快速发展，上市公司经营业务种类日渐增多，收益来源随之多元化，其中偶发性、非经营性收益呈现增长态势，为提高会计盈余的信息含量，从 1999 年开始，中国证监会首次要求上市公司披露

“非经常性损益”，之后2001～2008年先后四次[①]对非经常性损益的定义与范围进行了修订，将其定义为“与公司正常经营业务无直接关系，以及虽与正常经营业务相关，但其性质特殊和偶发性，影响报表使用者对公司经营业绩和盈利能力的正确判断”。资产处置损益作为经常发生的非正常性损益，属于“非经常性损益”的披露项目，中国证监会采用列举的方式将“非经常性损益”的范围由最初的几项增至目前的21项，“非流动资产处置损益”作为“非经常损益”的组成部分，始终位居众列举项目之首位，其发生金额和发生频率不容忽视，能够影响内、外部报表使用者做出合理的决策。

会计盈余分为永久性盈余和暂时性盈余[②]，盈余总额由营业利润、投资收益、营业外收支净额及补贴收入等组成。现有文献关于上市公司盈利质量构成中的永久性盈余与企业价值的关系研究得出一致结论：主营业务利润比重的高低与企业的价值存在呈正相关关系（蒋义宏、魏刚，2001；赵宇龙、王志台，1998）。目前关于综合收益的价值相关性研究日渐增多，少有文献关注暂时性盈余项目的价值相关性研究。

资产处置损益对净利润有较大影响，且逐年呈上升趋势，本章以利润表中所涉及资产处置损益项目以及资产处置损益的不同披露方式为研究对象，经过分类汇总，实证检验资产处置损益总额和资产处置损益各明细项目以及披露方式的价值相关性，进一步检验上市公司的盈余状况和行业特征对资产处置损益项目价值



① 2001年、2004年和2007年均以信息披露规范问答的形式发布，2008年发布了《信息披露解释性公告第1号——非经常性损益》。

② 本文采用1934年本杰明·格雷厄姆（Benjamin Graham）和戴维·多德（David Dodd）的观点，永久性盈余是指过去已经发生，现在重复发生的盈余，而且能够合理的预期，反之，则是暂时性盈余。

相关性的影响，期望为准则部门制定提供参考依据，为报表使用者做出投资策略提供高质量的信息。

## 第二节　理论分析与研究假设

Beaver（1989）认为会计信息的最高目标是决策有用性，主要体现在以下两点：一是估值有用性，要有利于投资者估值决策；二是决策有用性，要有利于缔约。会计信息估值有用性的研究主要包括信息观和计量观，基于信息观的研究又称为信息含量研究，1968 年，Ball 和 Brown 采用边际信息含量检验了会计盈余的有用性，成为实证会计研究的开山之作。赵宇龙（1998）采用大样本数据实证检验，得出会计盈余与股票报酬率存在显著相关关系，成为国内检验会计信息具有信息含量的首篇文献。基于计量观的研究又称为价值相关性研究，国内早期的研究主要是比较了不同盈余指标的价值相关性，净利润（赵春光，2004；柳木华，2004 等）、剩余收益（孙铮和李增泉，2001）和经济增加值（王化成等，2004）都具有价值相关性。目前，价值相关性研究由企业盈利能力的总括性指标逐步转向会计盈余构成项目的研究。本书以资产处置损益为研究对象，检验其与股票价格和股票收益率之间的关系，以便信息使用者对企业盈余构成情况有更加清晰、全面的认识，为使用者做出正确的决策提供帮助，也为准则制定者提供有意义的借鉴。

### 一、基于信息使用者的视角

#### （一）资产处置损益信息的价值相关性

早期的价格相关性主要是比较了不同盈余指标的价值相关性

差异，发现净利润比经营现金流量更具价值相关性（孙铮和李增泉，2001；赵春光，2004 等），剩余收益比会计盈余更具价值相关性（孙铮和李增泉，2001），会计盈余与经济附加值的价值相关性比较未得出一致的结论（孙铮和李增泉，2001；王化成等，2004）。还有文献研究了非盈余信息的价值相关性，如无形资产的具体构成（王志台，2001）、资产减值准备（王跃堂等，2001）、社会责任信息披露（陈玉清和马丽丽，2005；宋献中和龚明晓，2007 等）和非经常性损益（邓秋云，2005；叶建芳等，2013 等）。资产处置产生的损益，分别在利润表中列示，在附注信息中披露。资产处置损益对净利润产生影响，同时也是非经常性损益的组成项目，其列报方式能否引起股票价格和股票收益率的变动，是资产处置的经济后果之一。

Barth（1990）认为营业收益和出售证券收益的盈余持续性不同，投资者有能力识别两种收益，并做出正确的判断。Chen 和 Wang（2004）实证检验得出：营业利润与线下项目利润均具有价值相关性，线下项目能够持续影响到未来，具有预测未来的功能。叶建芳（2013）实证检验了非经常性损益的价值相关性。研究发现，非流动资产处置损益的价值相关性高于其他经常性损益的价值相关性，建议将经常发生但不属于正常的业务。作为独立的项目在利润表中列示，提高利润表的信息含量。资产处置因其发生频率较高，资产处置产生损益的金额较大，占净利润的比重约为 10%，成为利润表中不容忽视的组成部分，是报表使用者判断企业持续盈余能力的参考指标之一，因此，提出如下假设：

假设 6 - 1：资产处置损益信息作为盈余的组成部分，具有盈余之外的增量价值相关性。

（二）资产处置损益披露方式的价值相关性

资本市场有效性是开展会计信息有用性研究的重要假设之一，该假设认为投资者有能力关注并且理解财务报告主表、明细项目、附注信息以及性质相同的项目在不同位置公开披露的信息。也就是说，投资者对会计信息的获取没有差异且获得成本相同，对分布在不同位置的会计信息都能理解和认知。行为金融学认为大多数的投资者都是非理性的，对披露在不同位置的会计信息存在认知偏见。因此，会计信息的有用性很可能受财务报告透明度和投资者认知能力的限制，资产处置损益信息的披露方式是考察投资者认知能力的重要视角。

Gu 和 Chen（2004）检验了非经常性项目在财务报告表外披露或报表内披露的不同情形，研究得出，在财务报表内披露的非经常性项目比表外披露的非经常性项目更具持续性，具有更高的预测价值。李增福等（2013）认为在 2006 年会计准则下，利润表新增项目金融资产公允价值变动需要在不同的位置列报，认为不同的列报位置，会带来不同的市场反应。刘斌和鲍夏梦（2010）认为交易性金融资产和可供出售金融资产的公允价值变动损益的列报不同，计入利润表的公允价值变动损益比计入权益的公允价值变动损益得到投资者更多的关注。徐经长和曾雪云（2013）基于可供出售金融资产考察了综合收益呈报方式对金融资产公允价值变动损益的价值相关性的影响。

现行企业会计准则规定，非流动资产处置损益需要在利润表中营业外支出项目下单独列示，该非流动资产指固定资产和无形资产，在本书中称为经营类资产；长期股权投资和各类金融资产的处置损益与持有收益金额汇总后在利润表中投资收益项目下列示，同时在会计报表附注中进行明细披露；投资性房地产处置损益信息与其他项目混合在利润表的其他业务收入/支出中列报，报表附注中没有披露其相关信息，无法单独区分投资性房地产处置损益信息。基于上述分析提出如下假设：

假设 6－2：资产处置损益信息披露位置不同，价值相关性表现出较大差异。

## 二、盈亏状况的调节效应

如果上市公司通过出售资产、债务重组等项目来提高盈余水平，很可能向外界传递公司主营业务萎缩，总体经营状况恶化的信号，理性的投资者会质疑此类公司总体盈余质量。Elliott 和 Hanna（1996）的研究认为企业亏损和非经常性损益会严重影响会计盈余的价值相关性，较高频率的披露重大非经常性损益，其经常性损益的价值相关性呈下降趋势。Brown 和 Sivakumar（2003）认为利润表中包含许多非经营项目，因此，管理者以及分析师披露的利润比利润表更具有价值相关性。Cready 等（2010）研究发现，经常发生的非经常性损益具有一定的持续性和价值相关性，市场更像是将经常发生的非经常性损益看作经常性损益的一部分。同时，如果核心收益降低，上市公司通过非经常性收益来调增总体盈余水平，以达到扭亏或防止利润下滑的目的，这也折射出公司治理不完善，理性的投资者通过对经常性损益与非经常性损益两部分进行甄别，如果预期以后各期企业自由现金流量会下降，将会导致上市公司股票下跌，核心收益价值相关性下降。周冬华（2012）认为资产减值计提过程中伴随的盈余管理行为会损害资产减值信息的价值相关性，具有扭亏动机和大清洗动机的上市公司的资产减值信息价值相关性弱于正常计提资产减值的上市公司。Samantha 和 Edward（2010）的研究发现，在亏损状态下，公司会计盈余与股价之间失去了价值相关性。薛爽（2002）、孟焰和袁淳（2005）、李扬和田益祥（2007）研究发现，亏损公司的会计盈余价值相关性明显弱于盈利公司，巨额亏损的上市公司，其会计盈余数据的决策相关性显著低于其他上市公司。王福胜等（2013）认为亏损公司倾向于通过资产处置增加报告盈余，以避免报告亏损和盈余下降；盈余上升公司倾向于通过资产处置减少报告盈余，以平滑盈余。基于上述分析，提出如下假设：

假设 6－3：在盈利上市公司中，经常性损益的价值相关性更高；在亏损上市公司中，资产处置损益的价值相关性更高。

## 第三节 研究设计

本节主要考察资产处置损益与股票报酬或股价之间的相关性，主要采取增量关联研究通常关注相关会计盈余数据的回归系数，如果回归系数显著不为零，则说明该会计盈余具有价值相关性。

### 一、样本选择与数据来源

本章实证分析资产处置损益的价值相关性及不同的披露方式对价值相关性的影响。样本主要来源如下：（1）经营类资产处置损益数据来源于利润表；（2）长期股权投资处置损益数据和金融资产处置损益数据来源于财务报表附注中的“投资收益”。因“投资收益”核算项目较为庞杂，既包括长期股权投资和金融资产的持有收益，又包括处置收益等，资产处置损益的明细项目系作者手工整理取得，2007～2015 年发生资产处置损益的上市公司分布如表 6－1 所示。（3）文中所用数据均来源于 CSMAR 数据库。本书的经营类资产主要包括固定资产和无形资产，金融资产主要包括可供出售金融资产和持有至到期投资，交易性金融资产因其购进和处置较为频繁，且涉及金额较小，故排除在外。由于投资性房地产处置损益的相关信息在上市公司会计报表中没有列报，报表附注中也未披露，本文无法获取投资性房地产处置损益的相关信息。（4）对发生资产处置损益的上市公司分析过程中，因金融行业上市公司资产管理的特殊性，特别是金融资产处置损益涉及金额较大，剔除了金融行业的数据，也剔除了个股股票收盘价和个股月收益率数据缺失的上市公司。为消除离群值的影响，保证分析结果的稳健性，在回归分析之前，对模型中的所有变量进行了（1%，99%）的缩尾处理，所有数据的分析处理均使用 Stata 13.0 和 Excel 2013 来完成。



**表 6－1　　样本分布明细表**

| 年度 | 发生经营类资产处置损益的上市公司数量 | 发生长期股权投资处置损益的上市公司数量 | 发生金融资产处置损益的上市公司数量 |
|---|---|---|---|
| 2007 | 984 | 588 | 315 |
| 2008 | 1143 | 539 | 346 |
| 2009 | 1327 | 615 | 438 |
| 2010 | 1609 | 636 | 446 |
| 2011 | 1875 | 672 | 442 |
| 2012 | 2135 | 704 | 415 |
| 2013 | 2199 | 739 | 466 |
| 2014 | 2537 | 750 | 714 |
| 2015 | 2719 | 801 | 816 |
| 合计 | 18535 | 6044 | 4398 |

## 二、模型设计与变量定义

Ohlson（1995）以及 Feltham 和 Ohlson（1995）创建了剩余收益模型。Ohlson（2009）对会计估值的相关研究结论运用会计盈余、账面价值和股利三个变量进行了系统的研究和整合。Ohlson 估值理论的实证研究对后续研究产生了深远的影响，其实证模型为后人接受并广泛使用。价值相关性检验通常采用价格模型和收益率模型，相对于收益率模型而言，价格模型容易产生异方差、模型设定有偏等问题，但该模型估计系数产生的偏差较小，而报酬模型中，会计收益的解释能力通常较弱（Kothari and Zimmerman，1995），因此，笔者同时采用价格模型做主要回归，用报酬模型做稳健性检验，使得实证检验结论更有说服力。

Ohlson（1995）提出了净盈余模型，将会计收益和净资产与股票价格关联起来，国内外学者称之为价格模型，即：

$$P_{it} = \beta_0 + \beta_1 BPS_{it} + \beta_2 EPS_{it} + \varepsilon_{it} \tag{6.1}$$

其中，$P_{it}$表示第 t+1 年 4 月份最后一个交易日的股票价格，BPS 为每股净资产，EPS 为每股收益。

（一）资产处置损益信息的价值相关性模型

笔者在 Ohlson 价格模型的基础上，考察资产处置损益是否具有信息含量，借鉴 Ohlson（1995）的研究成果，形成下式：

$$P_{it} = \beta_0 + \beta_1 BPS_{it} + \beta_2 EPS_{it} + \beta_3 TAD_{it} + \beta_4 LEV_{it} + \beta_5 GROWTH_{it} + \varepsilon_{it} \tag{6.2}$$

其中，$P_{it}$表示第 t+1 年 4 月份最后一个交易日的股票价格，BPS 为每股净资产，EPS 为每股收益（扣除了资产处置损益部分），TAD 为每股资产处置损益（资产处置损益总额用发行在外的普通股股数予以标准化），LEV 为资产负债率，衡量风险水平，Growth 衡量公司的成长性。

（二）资产处置损益披露方式的价值相关性分析

$$P_{it} = \beta_0 + \beta_1 BPS_{it} + \beta_2 EPS_{it} + \beta_3 NCAD + \beta_4 LTEID + \beta_5 FAD_{it} + \beta_6 LEV_{it} + \beta_7 GROWTH_{it} + \varepsilon_{it} \tag{6.3}$$

其中，LTEID 和 FAD 分别表示在利润表中披露的资产处置损益信息和在会计报表附注“投资收益”中披露的资产处置损益信息，以上资产处置损益项目用发行在外的普通股股数予以标准化，其他变量含义同上。

（三）变量定义

模型中涉及主要变量如表6－2所示。P、RET为被解释变量，BPS、ROE、EPS、TAD、NCAD、LTEID、FAD为解释变量，LEV、GROWTH为控制变量，TAD、NCAD、LTEID、FAD在价格模型和报酬模型中的标准化方法有所不同。

**表6－2　　主要变量定义及说明**

| 变量名 | 变量符号 | 变量说明 |
|---|---|---|
| 股票价格 | P | t+1年度4月最后一个交易日的股票收盘价 |
| 股票收益率 | RET | t年5月至t+1年4月的期间股票收益率 |
| 每股净资产 | BPS | 净资产/发行在外的流通股股数 |
| 净资产收益率 | ROE | 净利润/净资产 |
| 每股净收益 | EPS | 净利润/发行在外的普通股股数 |
| 资产处置损益总额 | TAD | （经营类资产+长期股权投资+金融资产处置损益）/期初资产总额 |
| 经营类资产处置损益 | NCAD | 经营类资产/期初资产总额 |
| 长期股权投资处置损益 | LTEID | 长期股权投资/期初资产总额 |
| 金融资产处置损益 | FAD | 金融资产处置损益/期初资产总额 |
| 财务杠杆 | LEV | 资产负债率，负债总额/资产总额 |
| 成长性 | GROWTH | （t年营业收入－t－1年营业收入）/t－1年营业收入 |

# 第四节　实证分析

## 一、描述性统计

表6－3为变量描述性统计，从描述性统计结果看，各变量

均值和中位数相差不大，标准差分布也较为正常。被解释变量P的均值是15.414元/股，中位数是11.7元/股，均值高于中位数，说明多数上市公司股票价格低于平均水平，标准差较大，说明股票价格离差较大；每股净资产（BPS）和每股收益（EPS）的均值均高于中位数，说明多数上市公司的盈利能力均低于平均水平；资产处置损益（TAD）整体表现为资产处置收益，经营类资产处置损益（NCAD）既有处置收益也有处置损失，均值为0.0247元/股，长期股权投资处置损益（LTEID）均值为0.0215元/股，金融资产处置损益（FAD）均值为0.0125元/股。资产负债率（LEV）的均值和中值分别为46.72%和47.03%，这说明样本上市公司负债占总资产的比重适中。

**表6-3　　变量描述性统计**

| 变量 | 样本量 | 均值 | 标准差 | 25分位数 | 中值 | 75分位数 | 最小值 | 最大值 |
|---|---|---|---|---|---|---|---|---|
| P | 18535 | 15.414 | 12.2251 | 7.58 | 11.7 | 18.87 | 2.58 | 72.22 |
| BPS | 18535 | 4.3194 | 2.5819 | 2.5358 | 3.7932 | 5.5534 | 0.0114 | 13.861 |
| EPS | 18535 | 0.6392 | 1.075 | 0.0881 | 0.3494 | 0.8959 | -1.7833 | 5.635 |
| TAD | 18535 | 0.0544 | 0.1231 | 0.004 | 0.014 | 0.259 | -0.0959 | 1.3019 |
| NCAD | 18535 | 0.0247 | 0.1042 | -0.0028 | -0.0001 | 0.0059 | -0.1273 | 0.7026 |
| LTEID | 6044 | 0.0215 | 0.0775 | 0 | 0 | 0.0007 | -0.0167 | 0.5211 |
| FAD | 4398 | 0.0125 | 0.055 | 0 | 0 | 0 | -0.0176 | 0.4117 |
| LEV | 18535 | 0.4672 | 0.2159 | 0.3011 | 0.4703 | 0.6291 | 0.0505 | 0.9943 |
| GROWTH | 18535 | 2.1566 | 2.0068 | 0.8655 | 1.5614 | 2.696 | 0.1896 | 11.6914 |

## 二、相关性分析

表6-4为变量相关系数，列示了资产处置损益回归中各主要变量之间的相关系数，被解释变量股票价格（P）与每股净资

产（BPS）、每股收益（EPS）、资产负债率（LEV）和成长性（GROWTH）之间存在显著相关关系，与先前文献中研究的结论一致。被解释变量股票价格（P）与资产处置损益总额、经营类资产处置损益（NCAD）、长期股权投资处置损益（LTEID）和金融资产处置损益（FAD）之间存在显著的正相关关系。从相关系数值的大小来看，大多数变量之间的相关系数大都小于0.5，低于共线性的一般门槛值0.7。对研究变量进行多重共线性检验，各主要变量的方差膨胀因子VIF均小于2，模型整体平均方差膨胀因子VIF值为1.84，表明模型各变量的选取较为合理，不存在严重共线性的问题。

## 三、回归结果

### （一）资产处置损益及其披露方式的价值相关性分析

本章分别控制了行业和年度的影响因素，采用面板数据的固定效应进行回归分析，如表6－5所示，在模型1中，股票价格（P）与每股净资产（BPS）和每股净收益（EPS）具有显著的价值相关性，与先前研究的结论一致。模型1中的列（1）是资产处置损益总额的回归结果，其中资产处置损益总额的系数是1.98（t值为3.59），在1%的水平上统计显著，说明资产处置损益总额与股票价格具有显著的价值相关性。模型1中的列（2）~（4）分别为经营类资产处置损益、长期股权投资处置损益和金融资产处置损益与股票价格的回归结果，回归系数分别为7.033、1.726和2.972（t值分别为2.25、2.02和2.3），在5%的水平上统计显著，说明经营类资产处置损益、长期股权投资处置损益和金融资产处置损益与股票价格具有显著的价值相关性。在控制变量方面，股票价格与上市公司的债务风险水平和成长性具有显著的价值相关性。

表 6－4　　变量相关系数

| 变量 | P | BPS | EPS | TAD | NCAD | LTEID | FAD | LEV | GROWTH |
|---|---|---|---|---|---|---|---|---|---|
| P | 1 | | | | | | | | |
| BPS | 0. 082 *** | 1 | | | | | | | |
| EPS | 0. 045 *** | 0. 072 *** | 1 | | | | | | |
| TAD | 0. 045 *** | 0. 071 *** | 0. 122 *** | 1 | | | | | |
| NCAD | 0. 035 *** | 0. 036 *** | 0. 366 *** | 0. 212 *** | 1 | | | | |
| LTEID | 0. 037 *** | 0. 054 *** | 0. 024 *** | 0. 696 *** | －0. 00400 | 1 | | | |
| FAD | 0. 033 *** | 0. 039 *** | 0. 0120 | 0. 663 *** | －0. 0100 | 0. 177 *** | 1 | | |
| LEV | 0. 108 *** | 0. 329 *** | 0. 102 *** | 0. 078 *** | 0. 051 *** | 0. 055 *** | 0. 046 *** | 1 | |
| GROWTH | 0. 026 *** | 0. 047 *** | 0. 034 *** | 0. 017 ** | 0. 020 ** | 0. 016 ** | 0. 00300 | 0. 075 *** | 1 |

如表6－5所示，模型2是资产处置损益披露方式的回归结果，在利润表中披露的经营类资产处置损益与股票价格的回归系数为6.829（t值为2.18），在财务报表附注中披露的长期股权投资处置损益和金融资产处置损益与股票价格的回归系数分别为1.763和2.939（t值分别为2.06和2.31），三者均在5%的水平上统计显著，且经营类资产较长期股权投资和金融资产处置损益有较强的价值相关性。也就是说，资产处置损益信息在利润表中披露比在财务报表附注中披露更具价值相关性。长期股权投资和金融资产的处置损益混合在财务报表附注中披露，但金融资产比长期股权投资处置损益更具价值相关性，可能的原因在于，金融资产广泛使用公允价值计量，且《金融工具的确认与计量》《金融工具列报》《公允价值计量》等准则的颁布和实施，使得金融资产的确认和计量更为科学合理，能够更好地满足会计信息的相关性需求。



**表6－5　资产处置损益及披露方式的价值相关性回归结果**

| 变量 | 模型1 | | | | 模型2 |
|---|---|---|---|---|---|
| | 列（1） | 列（2） | 列（3） | 列（4） | |
| BPS | 1.222*** | 1.236*** | 1.236*** | 1.230*** | 1.221*** |
| | (25.31) | (25.71) | (25.71) | (25.49) | (25.27) |
| EPS | 1.913*** | 1.875*** | 1.894*** | 1.890*** | 1.902*** |
| | (21.57) | (21.25) | (21.39) | (21.39) | (21.45) |
| TAD | 1.980*** | | | | |
| | (3.59) | | | | |
| NCAD | | 7.033** | | | 6.829** |
| | | (2.25) | | | (2.18) |
| LTEID | | | 1.726** | | 1.763** |
| | | | (2.02) | | (2.06) |

续表

| 变量 | 模型 1 | | | | 模型 2 |
|---|---|---|---|---|---|
| | 列（1） | 列（2） | 列（3） | 列（4） | |
| FAD | | | | 2.927** | 2.939** |
| | | | | (2.30) | (2.31) |
| LEV | 4.995*** | 4.924*** | 5.049*** | 5.008*** | 4.941*** |
| | (7.53) | (7.41) | (7.61) | (7.55) | (7.44) |
| GROWTH | 2.101*** | 2.106*** | 2.106*** | 2.109*** | 2.101*** |
| | (37.57) | (37.69) | (37.66) | (37.74) | (37.57) |
| 年度 | 控制 | 控制 | 控制 | 控制 | 控制 |
| 行业 | 控制 | 控制 | 控制 | 控制 | 控制 |
| Constant | 5.948* | 5.903* | 5.981* | 5.932* | 5.860* |
| | (1.86) | (1.85) | (1.87) | (1.86) | (1.84) |
| N | 18535 | 18535 | 6044 | 4398 | 18535 |
| adj - $R^2$ | 0.1532 | 0.442 | 0.442 | 0.442 | 0.442 |
| F 值 | 311.65 | 311.17 | 311.11 | 311.18 | 291.58 |

（二）盈亏状况对资产处置损益的价值相关性的影响

如表 6 - 6 所示，模型 1 中，资产处置损益在亏损组和盈利组都与股票价格之间存在显著的价值相关性，且在亏损组中资产处置损益更具价值相关性，而净资产和每股收益在盈利组中更具价值相关性，这一结论验证了假设 3。模型 2 将资产处置损益的披露方式，即经营类资产处置损益、金融资产处置损益、长期股权投资处置损益与股票价格之间做了回归，长期股权投资处置损益在亏损组和盈利组都与股票价格之间呈现显著相关性，且在亏损组价值相关性更强；经营类资产处置损益、金融资产处置损益与股票价格之间在盈利组呈现显著的价值相关性，但是在亏损组中没有显著关系，主要在于：（1）因为在数据处理过程中，将发生经营类资产处置损益、金融资产处置损益的上市公司扣除盈利公司后，样本量急剧减少，仅为全样本的1/10，造成回归结果不显著。（2）长期股权投资处置损益发生金额较大，长期股权投资处置损益约占投资收益的30.84%，占净利润的比重高达4.12%，高于金融资产和经营类资产处置损益所占净利润的比重（平均分别为3.38%和2.09%）。（3）处置长期股权投资有可能引起上市公司股权结构变化，控制权发生转移。

**表6-6　盈亏状况对资产处置损益价值相关性的影响**

| 变量 | 模型1 | | 模型2 | |
|---|---|---|---|---|
| | 亏损组 | 盈利组 | 亏损组 | 盈利组 |
| BPS | 0.699*** | 0.971*** | 0.642*** | 0.945*** |
| | (7.44) | (20.08) | (7.72) | (19.53) |
| EPS | 0.182 | 11.06*** | 0.127 | 11.12*** |
| | (0.73) | (42.46) | (0.47) | (42.84) |
| TAD | 0.681*** | 0.420*** | | |
| | (3.61) | (3.85) | | |
| NCAD | | | 1.582 | 11.37*** |
| | | | (0.93) | (5.85) |
| LTEID | | | 1.945*** | 0.288 |
| | | | (4.05) | (0.69) |
| FAD | | | 0.481 | 4.198*** |
| | | | (0.45) | (5.05) |
| LEV | 0.0325 | -5.138*** | -0.0910* | -5.182*** |
| | (0.82) | (-13.55) | (-1.88) | (-13.68) |
| GROWTH | 0.330*** | 1.809*** | 0.310*** | 1.809*** |
| | (7.55) | (28.11) | (7.04) | (28.17) |
| 年度 | 控制 | 控制 | 控制 | 控制 |
| 行业 | 控制 | 控制 | 控制 | 控制 |
| Constant | 5.797*** | 4.464*** | 5.889*** | 4.465*** |
| | (17.53) | (14.77) | (21.05) | (14.8) |
| N | 1050 | 8170 | 1050 | 8170 |
| adj-$R^2$ | 0.1532 | 0.299 | 0.108 | 0.3031 |
| | 111.65 | 111.17 | 111.11 | 111.18 |

（三）进一步回归分析

一般而言，价值相关性除了受到公司对外所传递信息的影响，还会受到行业特征的影响。不同行业资产构成状况不同，投资者对资产处置的关注程度也不同，制造业、房地产业、采掘业等固定资产所占资产总额比重较高，社会服务业、传播与文化产业和综合类行业的上市公司，因行业的特殊性，固定资产占比较低；而信息技术业中无形资产所占比重较高，在多数上市公司中都包括一定量的长期股权投资和金融资产，总体而言，行业特征会对上市公司的非流动资产处置损益所包含的信息含量有不同影响。

不同行业性质的上市公司的资产构成大不相同，投资者对资产处置的关注程度也不同，根据2012年中国证监会发布的《上市公司行业分类指引》中规定的分类标准，剔除金融业样本，剔除发生资产处置较少的行业，分别对12个行业进行了回归，检验了不同行业中，非流动资产处置损益与股票价格价值相关性。

表6－7列示了行业特征对资产损益信息的回归结果，实证结果表明：制造业、交通运输、仓储业、信息技术业和房地产业中的资产处置损益与股票价格在1%的水平上统计显著；采掘业、农林牧渔、批发和零售业中的资产处置损益与股票价格在5%的水平上统计显著；电力、煤气及水的生产、建筑业、社会服务业、传播与文化产业和综合类的非流动资产处置损益与股票价格没有显著的相关关系。电力、煤气及水的生产行业的上市公司关系到国计民生，大多是国有大中型企业，非流动资产处置更多地受到政策限制；社会服务业、传播与文化产业和综合类行业的上市公司，因行业的特殊性，非流动资产占资产总额比重较小，因此，该类上市公司的非流动资产处置损益不具有价值相

关性。

表 6-7　行业特征对资产处置损益价值相关性的影响

| 行业 | 样本量 | 比例 | Coef. | t | Adj $R^2$ |
|---|---|---|---|---|---|
| A 农、林、牧、渔 | 146 | 1.76 | 10.8226** | 2.58 | 0.6089 |
| B 采矿业 | 208 | 2.51 | 33.1714** | 2.43 | 0.3945 |
| C 制造业 | 4899 | 59.14 | 14.1547*** | 4.36 | 0.5274 |
| D 电力、煤气及水的生产 | 330 | 3.98 | 4.469126 | 0.65 | 0.3863 |
| E 建筑业 | 175 | 2.11 | 13.56055 | 0.27 | 0.6933 |
| F 批发和零售业 | 658 | 6.65 | 9.4091** | 2.09 | 0.4845 |
| G 交通运输、仓储业 | 344 | 4.15 | 8.1513*** | 2.88 | 0.4181 |
| I 信息技术业 | 590 | 7.12 | 17.5034*** | 5.25 | 0.5406 |
| K 房地产业 | 559 | 5.54 | 35.6990*** | 3.11 | 0.3945 |
| K/H 社会服务业 | 261 | 3.15 | -25.46574 | -1.85 | 0.6147 |
| L 传播与文化产业 | 126 | 1.28 | -17.8872 | -1.2 | 0.4674 |
| M 综合类 | 235 | 2.6 | 3.944016 | 0.19 | 0.4876 |
| Total | 8531 | 100 | | | |



在我国，上市公司一部分由国有企业转制而成，国家控股这一特殊的制度安排为我们研究中国资本市场的财务会计问题提供了新的视角。国有上市公司不仅承担经济责任，同时承担一些社会责任，势必会导致国有和非国有上市公司在信息披露方面产生差异。伊志宏等（2010）认为，控制了其他因素，国有上市公司的信息披露质量通常好于非国有上市公司。

表 6-8 为产权性质对资产处置损益价值相关性的回归。回归方程调整后的可决系数分别为 45.3% 和 44.6%，F 值分别为 158、167.62、147.78 和 156.49，相伴概率 p 值均接近于 0，表明回归方程的设定合理。

模型 1 中，国有上市公司的资产处置损益（TAD）与股票价格的系数为 2.382（t 值为 3.94），在 1% 的水平上统计显著；非国有上市公司的资产处置损益（TAD）与股票价格的系数为 1.548（t 值为 1.62），不具备统计上的显著性。模型 2 中，国有上市公司的经营类资产处置损益、长期股权投资和金融资产处置损益与股票价格的相关系数分别为 8.373、2.542 和 2.467（t 值分别为 2.45、2.65 和 1.78），分别在 5%、1% 和 10% 的水平上显著；非国有上市公司中仅有金融资产处置损益与股票价格的相关系数为 3.742（t 值为：1.69），在 10% 的水平上显著，经营类资产和长期股权投资处置损益不具有价值相关性。模型 1 和模型 2 中，相比于非国有上市公司，国有上市公司的每股收益（EPS）和每股净资产（BPS）更具价值相关性。国有上市公司在上市公司之前，都会经历清产核资，摸清“家底”的过程，通过界定产权，及时清理债权债务，并进行适当的会计调整，反映真实的财务状况，因此，财务报表的列报较为规范，其资产处置损益信息能够影响报表使用者的投资决策。在样本上市公司中，国有上市公司的财务风险（LEV）更具价值相关性，而非国有上市公司的成长性水平（GROWTH）更具价值相关性。

**表 6-8　产权性质对资产处置损益价值相关性的影响**

| 变量 | 模型 1 | | 模型 2 | |
|---|---|---|---|---|
| | 国有 | 非国有 | 国有 | 非国有 |
| BPS | 1.356*** | 1.106*** | 1.359*** | 1.101*** |
| | (21.92) | (14.92) | (21.93) | (14.84) |
| EPS | 1.960*** | 1.914*** | 1.941*** | 1.911*** |
| | (19.21) | (13.06) | (19.00) | (13.06) |
| TAD | 2.382*** | 1.548 | | |
| | (3.94) | (1.62) | | |

续表

| 变量 | 模型 1 | | 模型 2 | |
|---|---|---|---|---|
| | 国有 | 非国有 | 国有 | 非国有 |
| NCAD | | | 8.373** | 4.832 |
| | | | (2.45) | (0.88) |
| LTEID | | | 2.542*** | 1.080 |
| | | | (2.65) | (0.75) |
| FAD | | | 2.467* | 3.742* |
| | | | (1.78) | (1.69) |
| LEV | 4.864*** | 4.664*** | 4.809*** | 4.624*** |
| | (5.93) | (4.51) | (5.84) | (4.46) |
| GROWTH | 2.035*** | 2.060*** | 2.035*** | 2.061*** |
| | (25.84) | (25.52) | (25.84) | (25.52) |
| 年度 | 控制 | 控制 | 控制 | 控制 |
| 行业 | 控制 | 控制 | 控制 | 控制 |
| CONSTANT | 5.425 | 13.52*** | 5.272 | 16.67*** |
| | (1.36) | (2.76) | (1.32) | (3.94) |
| N | 6502 | 7458 | 6502 | 7458 |
| Adj - $R^2$ | 0.453 | 0.446 | 0.453 | 0.446 |
| F 值 | 158 | 167.62 | 147.78 | 156.49 |



## 四、稳健性检验

### （一）稳健性检验 1——利用报酬率模型

前文中检验了资产处置损益和披露方式与股票价格的价值相关性，依据 Dhaliwal et al.（1999）和 Biddle and Choi（2006），估计以下模型来检验资产处置损益和股票收益率的相关性：

$$RET_{it} = \beta_0 + \beta_1 ROE_{it} + \beta_2 \frac{TAD_{it}}{P_{it-1}} + \beta_3 \frac{\Delta E_{it}}{P_{it-1}} + \beta_4 LEV_{it} + \beta_5 GROWTH_{it} + \varepsilon_{it} \tag{6.4}$$

其中，*RET* 表示报告期的年度股票收益率，根据月度收益率（当年 5 月 1 日至次年 4 月 30 日的月度股票收益率）计算得到。该式中的 *TAD* 与（1）不同，以年初的普通股市场价值予以标准化。

表 6 - 9 报酬模型中，分别检验了资产处置损益总额及其他披露方式与股票收益率之间的相关关系。被解释变量股票收益率（RET）与资产处置损益总额的系数为 0.19（t 值为 1.76），在 10% 的水平上统计显著，说明资产处置损益与股票收益率之间具有价值相关性。经营类资产处置损益（NCAD）与股票收益率的系数为 1.802（t 值为 2.70），在 1% 的水平上统计显著，说明经营类资产处置损益与股票收益率之间具有显著的价值相关性；长期股权投资处置损益与股票收益率的系数为 0.566（t 值为 2.16），在 5% 的水平上统计显著，说明资产处置损益与股票收益率之间具有较为显著的价值相关性；金融资产处置损益与股票收益率的系数为 0.313（t 值为 1.9），在 10% 的水平上统计显著，说明资产处置损益与股票收益率之间具有价值相关性；在报酬模型中，各被解释变量的相关系数不如价格模型中显著，但是总体上，报酬模型与价格模型结果基本一致，支持了资产处置损益具有价值相关性，资产处置损益披露方式的不同影响其价值相关性的结论。



**表 6 - 9　　稳健性检验 1——利用报酬率模型**

| 变量 | 报酬模型（项目） | | 报酬模型（披露方式） | |
|---|---|---|---|---|
| | Coef. | t | Coef. | t |
| ROE | 0.0195*** | (8.71) | 0.00176 | (1.20) |
| TAD | 0.190* | (1.76) | | |
| FAD | | | 0.313* | (1.9) |

续表

| 变量 | 报酬模型（项目） | | 报酬模型（披露方式） | |
|---|---|---|---|---|
| | Coef. | t | Coef. | t |
| NCAD | | | 1.802*** | (2.7) |
| LTEID | | | 0.566** | (2.16) |
| LEV | 0.0752*** | (4.62) | 0.0428*** | (3.88) |
| GROWTH | 0.296*** | (24.79) | 0.103*** | (17.1) |
| 年度 | 控制 | 控制 | 控制 | 控制 |
| 行业 | 控制 | 控制 | 控制 | 控制 |
| Constant | 0.253*** | (8.85) | 0.175*** | (10.76) |
| N | 8323 | | 8323 | |
| adj - $R^2$ | 0.1532 | | 0.035 | |
| F 值 | 212 | | 198.88 | |

（二）稳健性检验 2——按资产处置损益影响程度分组检验

前文假设 6-3 分别检验盈利和亏损上市公司资产处置损益的价值相关性，在稳健性检验中，将考察上市公司盈利的构成状况对资产处置损益信息价值相关性的影响。当一家上市公司发生的资产处置损益总额占净利润的比重超过 50% 时，就会对该上市公司的盈余水平产生重大影响，本文借鉴叶建芳等（2013）的做法，将$\frac{TAD}{NI}$①大于 50% 的 1228 家上市公司，定义为重大影响组；考虑到资产处置损益总额占净利润的比重约为 10%②，因此将为$\frac{TAD}{NI}$小于 10% 的 10959 家上市公司，定义为无影响组；将

① $\frac{TAD}{NI}$为资产处置损益总额除以净利润。

② 以 2007~2015 年为计算期间，为 9 年的平均值。

$\frac{TAD}{NI}$介于 10% 和 50% 的 1867 家上市公司的，定义为较大影响组。

如表 6－10 所示，无影响组中，每股净收益（EPS）与股票价格具有价值相关性，而资产处置损益信息（TAD）与股票价格无相关关系；较大影响组中，和资产处置损益信息（TAD）与股票价格都具有价值相关性，但每股净收益（EPS）表现出更强的相关关系（EPS 在 1% 水平上显著，TAD 在 5% 水平上显著）；重大影响组中，资产处置损益信息（TAD）与股票价格具有相关关系，而每股净收益（EPS）与股票价格无价值相关性，就是说，当资产处置损益对净收益产生重大影响时，投资者会更加关注资产处置损益信息。三组中，每股净资产与股票价格都具有价值相关性，在重大影响组中的价值相关性最弱；资产负债率（LEV）上市公司的成长性（GROWTH）与股票价格的具有价值相关性，但三组中价值相关性逐渐减弱。



**表 6－10　稳健性检验 2——按资产处置损益影响程度分组检验**

| 变量 | 无影响组 ($\frac{TAD}{NI}<10\%$) | 较大影响组 ($10\%<\frac{TAD}{NI}<50\%$) | 重大影响组 $\frac{TAD}{NI}\geq 50\%$ |
|---|---|---|---|
| BPS | 1.229*** | 1.496*** | 0.855*** |
| | (21.45) | (8.86) | (4.26) |
| EPS | 1.742*** | 1.967*** | 1.089 |
| | (16.77) | (4.58) | (1.34) |
| TAD | 3.596 | 2.883** | 2.048* |
| | (1.32) | (2.17) | (1.91) |
| LEV | 4.418*** | 3.697* | 1.001 |
| | (5.37) | (1.70) | (0.46) |

续表

| 变量 | 无影响组 ($\frac{TAD}{NI}<10\%$) | 较大影响组 ($10\%<\frac{TAD}{NI}<50\%$) | 重大影响组 $\frac{TAD}{NI}\geqslant 50\%$ |
|---|---|---|---|
| GROWTH | 2.398*** | 1.802*** | 1.101*** |
| | (33.75) | (9.11) | (7.02) |
| 年度 | 控制 | 控制 | 控制 |
| 行业 | 控制 | 控制 | 控制 |
| Constant | 5.948* | 5.903* | 5.981* |
| | (1.86) | (1.85) | (1.87) |
| N | 10959 | 1867 | 1228 |
| adj - $R^2$ | 0.1532 | 0.521 | 0.521 |
| F 值 | 138 | 147.62 | 127.78 |

## 本章小结



本章实证检验了资产处置损益与股票价格及股票收益率之间的关系，结果表明资产处置损益总额、经营类资产处置损益、长期股权投资处置损益和金融资产处置损益与股票价格、股票收益率之间存在显著的价值相关性；资产处置损益披露方式的不同具有不同的价值相关性，在利润表中披露的资产处置损益信息较财务报表附注中的信息更具价值相关性；金融资产较长期股权投资处置损益信息更具价值相关性。在进一步回归分析中，盈亏状况、行业特征和产权性质对资产处置损益的价值相关性具有调节效应。上市公司的盈利和亏损状况，对资产处置损益具有调节效应。在盈利上市公司中，每股净收益更具价值相关性，而在亏损上市公司中，投资者会更多地关注资产处置损益的信息；制造业、交通运输、仓储业、信息技术业和房地产业中的资产处置损益更具价值相关性；较非国有上市公司，国有上市公司的资产处置损益更具价值相关性。

# 研究总结

本章对全书进行总结，主要包括研究结论、政策建议、研究创新和研究局限与未来研究展望。

## 一、研究结论

在企业资源理论、前景理论、代理理论和信息不对称理论等理论基础之上，描述性统计了资产处置损益的发生现状，基于管理层处置资产处置的意图，研究资产处置的经济后果。本书的主要结论：

1. 基于前景理论和企业资源理论，从管理层意图出发，探究企业资产处置的动因。基于企业价值最大化动因（提高资产使用效率、改变盈利状况或缓解资金压力等），持有资产类别不同，处置动因存在较大差异；管理层在处置资产的过程中，会综合分析宏观、行业和企业财务状况等内外部环境的影响，企业生命周期的不同阶段，内外部环境的影响程度存在

较大差异，在衰退期表现得尤为显著；基于管理层利益最大化动因，企业会实施扭亏为盈和平滑利润的真实盈余管理，无论是处置经营类资产，或是处置长期股权投资和金融资产都有可能成为真实盈余管理的工具。

2. 采用中介变量效应的检验方法，研究了处置资产影响企业资产配置效率的路径与作用机制，得出如下结论：对于经营类资产而言，由于资产处置导致资产数量的增减变动，通过影响资产的营运能力，进而影响企业资产配置效率，资产的营运能力发挥了中介效应；资产处置有可能引现金流量的变动，进而影响现金持有水平，最终影响资产配置效率，现金持有水平发挥了部分中介效应；资产处置产生的处置损益能直接影响资产配置效率，也会影响盈余的持续性，但盈余持续性并不影响资产配置效率，盈余持续性发挥了遮掩效应。因此，处置经营类资产主要通过影响资产营运能力和现金持有水平，最终影响资产配置效率。处置长期股权投资产生的处置损益，主要通过影响盈余持续性从而影响资产配置效率。处置金融资产主要通过资产营运能力和盈余持续性从而影响资产配置效率。因此，因资产类别和持有目的不同，处置不同类别的资产，影响资产配置效率的路径存在较大差别，应根据资产类别分别制定资产管理办法，加强对资产的管理。

3. 为了实现扭亏为盈，上市公司会利用非流动资产处置收益美化财务报表。为避免盈余大幅度波动或规避税收风险，上市公司可能通过处置资产获取处置损失从而实现下平滑利润。基于扭亏动机的盈余管理，处置经营类资产对未来经营业绩和企业价值都有负面影响，处置长期股权投资和金融资产对未来经营业绩有负面影响，对企业价值并无显著影响。基于向下平滑利润动机的盈余管理，处置经营类资产对未来经营业绩有正向影响，而对企业价值存在负向的影响，处置长期股权投资和金融资产对未来经营业绩和企业价值并无显著影响。究其原因在于：为获得资产处置收益，实现扭亏为盈，将本应长期持有的资产进行处置，实属企业“短视行为”，不利于未来经营业绩和企业价值的提升；利润的平滑对外传递公司经营状况良好的信息，有利于短期经营业绩的提升，而不利于企业的长期发展。从内外部治理机制的调节效应的实证检验结果来看，第一大股东持股比例和高管持股比例在抑制真实盈余管理中发挥了积极的作用，而外部产品市场竞争以及分析师的跟踪在一定程度上抑制了盈余管理行为的发生。总体而言，内外部治理机制抑制扭亏动机都发挥了监督作用，但是外部治理对平滑利润动机的盈余管理抑制作用更为明显。

4. 无论基于何种动因，资产处置损益总额及其具体构成项目与股票价格及股票收益率之间存在显著的价值相关性。资产处置损益因披露方式不同，具有不同的价值相关性。在进一步回归分析中，盈亏状况和行业特征对资产处置损益的价值相关性具有调节效应。在盈利上市公司中，每股净资产更具价值相关性；在亏损上市公司中，投资者会更多地关注资产处置损益的信息；制造业、交通运输、仓储业、信息技术业和房地产业等行业的资产处置损益更具价值相关性；较非国有上市公司，国有上市公司的资产处置损益更具价值相关性。



## 二、政策建议

资产处置动因和经济后果的研究具有较强的理论和现实意义，但资产处置损益的会计处理及其列报方式不利于信息使用者做出正确决策，无法为监管部门提供帮助，为此，提出如下建议：

（一）对政府监管机构而言，完善会计信息披露的相关规定

1. 分资产类别列报和披露资产处置损益信息。我国利润表中没有区分正常经营和非持续经营损益，资产处置产生的损益有些作为日常经营损益在投资收益项目中列示，有些作为非日常利润在营业外收入/支出项目中列示。孟焰（2009）通过对美国非经常性损益信息披露管制的分析，认为将非常项目、前期事项调整和处置业务与正常的经营损益分别置于损益表的不同部分，优化了利润表的组成结构。魏涛等（2007）基于实证研究得出结论，建议将非经常性损益作为会计核算的一项独立内容纳入利润表，并在附注中逐项进行详细披露。非经常损益作为一项重要的监管指标，对净利润具有较大影响。非经常性损益在利润表中单独列示，有助于信息使用者预测公司未来盈利的持续性，有助于监管部门加强对“非经常性损益”项目的管理。

政府监管机构应当要求上市公司分资产类别列报和披露资产处置损益信息。IFRS 和 GAAP 对利润表的列报方式同我国差异较大，应该借鉴 IFRS 的做法，让企业根据自身需要，将经常发生的非经营性项目在利润表中单独列示，在利润表中增设资产处置损益项目，将分散在投资收益、营业外收入/支出中的有关资产处置的信息统一归集到资产处置损益项目，减少营业外收入/支出包含的项目，改变目前营业外收入/支出包含的项目太多太杂的现状，提高利润表的信息含量。

建议将非经常性损益作为会计核算的一项独立内容纳入利润表，并在附注中逐项进行详细披露。非经常损益作为一项重要的监管指标，对净利润具有较大影响（约为 6.82%）。非经常性损益在利润表中单独列示，有助于信息使用者预测公司未来盈利的持续性，有助于监管部门加强对“非经常性损益”项目的管理。

2. 增加终止经营的具体准则。我国曾在 2002 年颁布《终止经营征求意见稿》，但是在 2006 年颁布的 38 项具体准则中，没有涵盖终止经营的具体准则。在会计实务中仍有不少终止经营的业务存在，如将处置固定资产、无形资产形成的损益计入营业外收支，将处置长期股权投资、金融资产等形成的损益计入投资收益等。会计处理的不一致，造成信息不具备可比性，仅在财务报表附注中披露终止经营业务掩盖了重要的会计信息，上市公司会计信息缺乏完整性。

（二）对企业而言，规范资产处置信息的披露

1. 正确认识利得和损失。国际会计准则第 1 号和美国财务会计公告第 130 号均将非流动资产处置损益作为持续经营项目收益或损失，而不是非正常或者非经常项目。IFRS 和美国公认会计准则（GAAP）对于非流动资产的出售损益是作为持续经营的一部分在利润表中列示，为了体现我国会计准则的趋同，鉴于非流动资产、金融资产的处置损益的发生频率和可重复性，将其处置活动产生的损益作为正常经营项目单独在报表中列示，而不是非正常项目。

2. 增设统一的会计科目。2014 年财政部发布的《企业会计准则第 30 号——财务报表列报》中规定性质或功能类似的项目，其所属类别具有重要性的，应当按其类别在财务报表中单独列报。关于重要性的界定标准，在准则中给出了项目性质和发生金额两个判断标准。从性质上来讲，资产处置损益对企业的经营成果有较大影响，甚至会影响到报表使用者作出正确的经济决策；从金额上来讲，资产处置损益金额占净利润的比重约为 10%，各类资产处置损益在所属单列项目的比重均超过 20%，具体数值参见书中第二章。从性质和金额两方面讲，资产处置损益都有必要在利润表中单独列报。

基于对国际会计准则、美国等国家对资产处置列报方式的分析，我国应区分持续经营和资产处置产生的损益，重新界定营业

外收入/支出的核算范围，在利润表中增设资产处置损益项目，将资产处置产生的损益从营业外收入/支出、投资收益项目中分离出来。鉴于非流动资产处置损益发生金额和频率较高，可以作为利润表中的一个项目在资产处置损益项目下单独列示。资产处置损益项目下应增设二级科目，分别核算非流动资产处置损益、长期股权投资处置损益、金融资产处置损益、债务重组产生的损益和非货币性资产交换产生的损益等。资产处置损益的二级科目核算的资产处置损益明细项目，应在报表附注中分别列示。

3. 完善财务报表附注信息。本书从利润表和附注中提取到资产处置损益的相关数据，实证结果表明经营类资产处置损益、长期股权投资处置损益和金融资产处置损益都具有价值相关性，能为报表使用者提供有价值的信息。书中没有涉及投资性房地产处置损益的信息，原因在于投资性房地产的处置损益计入其他业务收入/支出，利润表各项目以及报表附注其他业务收入/支出都没有披露投资性房地产处置损益的相关信息。投资性房地产占资产总额的比重约为1%，有必要在报表附注中披露投资性房地产处置损益的相关信息，完善财务报表附注中相关信息的披露。

（三）对利益相关者而言，考察资产处置对未来盈利能力的影响

企业处置资产受诸多因素的影响，比如，宏观经济、行业特征或企业因素等，还需客观评价企业所处的生命周期，无论非机会主义动因（加快资产周转速度，提高资产使用效率；或取得资产处置损益，改变盈利状况；或增加现金流量，缓解资金压力等），或是机会主义动因（扭亏为盈或平滑利润）而发生的资产处置，动因不同，处置资产的经济后果大相径庭。企业资产类别较多，且资产性质和持有目的各不相同。资产处置损益信息的披露缺乏统一的标准，有些在利润表中列示，在报表附注中进一步

说明。例如：经营类资产处置损失在“营业外支出”下列示，在“营业外支出”报表附注中较为详细地分别披露了经营类资产的处置收益和处置损失；长期股权投资和金融资产处置损益在“投资收益”报表附注中列示，但是尚未区分持有收益和处置收益。因此，利益相关者应当探究资产处置背后的“故事”，关注基于盈余管理动机发生的资产处置行为，对公司未来经营能力和企业价值做出客观的判断。

### 三、研究创新

本书的研究有一定的探索性，可能的创新点包括：

第一，采用大样本数据研究了资产处置影响企业资产配置效率的路径与作用机制。之前的文献中，多采用事件研究的方法，以发生重大资产处置的上市公司为研究样本，考察资产出售或剥离后的经济后果，对重大事件的界定存在一定的主观性，且研究对象中的“资产”仅指固定资产和无形资产。为克服以往研究的缺陷，本书将发生了资产处置损益的上市公司作为研究样本，采用中介效应检验的研究方法，得出处置不同类别的资产，其影响资产配置效率的路径各不相同。



第二，构建估计异常资产处置损益的模型。检验在中国特定准则制度下，是否存在以资产处置为手段的真实盈余管理，并检验公司内部治理机制对真实盈余管理的遏制作用，进一步研究了基于盈余管理动机的资产处置的经济后果，分资产类别检验其对未来三年的经营业绩和企业价值的影响。资产处置作为真实盈余管理手段，国内仅有少量系统研究其经济后果的相关文献。

第三，分类研究了资产处置各项明细及其披露方式的价值相关性问题。资产处置项目及其披露方式具有价值相关性，本书的研究结果为中国企业会计准则的改进提供了有用的证据。非经常性损益中包括经常发生的资产处置损益项目，该研究有助于提高“非经常性损益”项目的信息质量。

## 四、研究局限与未来研究方向

基于本书关于资产处置动因及其经济后果的研究结论，可能还存在以下不足之处，为进一步的研究指明了方向。

第一，企业资产处置行为异常复杂，影响因素繁多，仅仅考察了宏观经济波动、行业盈利能力、行业现金持有水平和行业特征以及企业特征等，对影响因素的概括不够全面；在资产处置动机的研究中，仅区分了机会主义和非机会主义动因，研究不够细致，应从行为金融学和心理学等角度探究资产处置的动机。

第二，书中没有涉及投资性房地产处置损益的信息，原因在于投资性房地产的处置损益计入其他业务收入/支出，利润表各项目以及报表附注其他业务收入/支出都没有单独披露投资性房地产处置损益的相关信息。投资性房地产占资产总额的比重约为1%，有必要在报表附注中披露投资性房地产处置损益的相关信息，完善财务报表附注中相关信息的披露。投资性房地产处置损益的研究将成为进一步研究的对象。

第三，关于资产配置效率的度量，书中主要基于财务的视角，资产处置带来的经济效益和社会效益是进一步研究的方向。

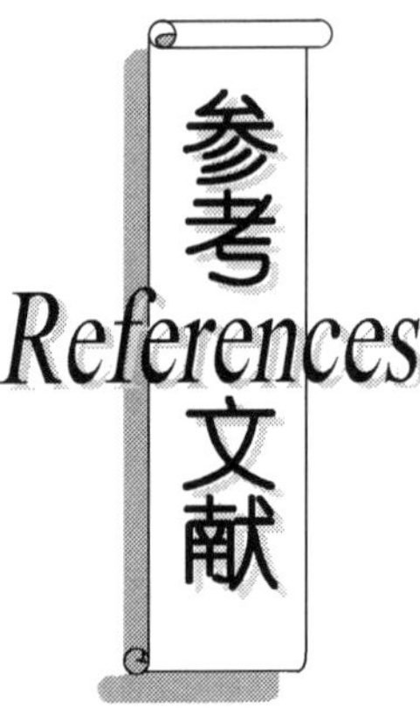


[1] 白芳：《基于企业生命周期视角的财务战略和行为研究》，西南财经大学博士论文，2013 年。

[2] 白云霞、王亚军、吴联生："业绩低于阈值公司的盈余管理——来自控制权转移公司后续资产处置的证据"，《管理世界》，2005 年第 5 期。

[3] 鲍长生、王蕾、黄寅："经济转型进程中企业资金营运能力对盈利能力影响的实证研究——以上海市制造业上市公司为例"，《现代管理科学》，2015 年第 6 期。

[4] 步丹璐：《资产减值的经济后果检验：基于新旧会计准则比较的视角》，西南财经大学出版社 2009 年版。

[5] 蔡春、李明、和辉："约束条件、IPO 盈余管理方式与公司业绩——基于应计盈余管理与真实盈余管理的研究"，《会计研究》，2013 年第 10 期。

[6] 蔡春等："盈余管理方式选择、行为隐性化与濒死企业

状况改善——来自 A 股特别处理公司的经验证据”，《会计研究》，2012 年第 9 期。

［7］曾志坚、周星：“超额现金持有水平对企业价值的影响——基于企业生命周期视角的实证研究”，《中央财经大学学报》，2015 年第 4 期。

［8］陈晨：“投资性房地产公允价值计量动因与经济后果研究》，中国矿业大学博士论文，2014 年。

［9］陈武朝：“经济周期、行业周期性与盈余管理程度——来自中国上市公司的经验证据”，《南开管理评论》，2013 年第 3 期。

［10］陈信元等：“行业竞争、管理层投资决策、公司增长/清算期权价值”，《经济学季刊》，2014 年第 1 期。

［11］陈玉罡、李善民：“资产剥离如何不再毁损公司价值——基于价值驱动指标的实证研究”，《管理评论》，2010 年第 1 期。

［12］陈志斌、刘静：“金融危机背景下企业现金流运行中的政策影响研究”，《会计研究》，2010 年第 4 期。

［13］成小云、任咏川：“IASB/FASB 概念框架联合项目中的资产概念研究述评”，《会计研究》，2010 年第 5 期。

［14］程柯、程立：“利润表新增项目价值相关性研究——来自中国 A 股非金融类上市公司的经验证据”，《财经理论与实践》，2012 年第 2 期。

［15］池国华、王志、杨金：“EVA 考核提升企业价值吗——来自中国国有上市公司的经验证据”，《会计研究》，2013 年第 11 期。

［16］崔海红：“非流动资产处置是真实盈余管理手段吗——基于上市公司不同盈余分布的实证检验”，《财会月刊》，

2015 年第 8 期。

[17] 崔海红："资产处置会计处理的一致性研究"，《中国注册会计师》，2015 年第 6 期。

[18] 崔海红："资产处置损益的价值相关性研究"，《财会月刊》，2015 年第 2 期。

[19] 崔文迁、陈敏："非经常性损失与监管利润关系及对审计的启示"，《审计研究》，2010 年第 2 期。

[20] 戴维 · F. 霍金斯、孙铮译：《公司财务报告与分析（第 4 版）》，东北财经大学出版社 2000 年版。

[21] 邓翔、书坚、唐毅："中国上市公司融资约束的行业特征分析——基于 641 家上市企业的 Logistic 回归分析"，《宏观经济研究》，2014 年第 1 期。

[22] 樊行健、郑珺："非经常性损益的列报：理论、准则与分析"，《会计研究》，2009 年第 11 期。

[23] 范经华、张雅曼、刘启亮："内部控制、审计师行业专长、应计与真实盈余管理"，《会计研究》，2013 年第 4 期。

[24] 方红星、张志平："内部控制对盈余持续性的影响及其市场反应——来自 A 股非金融类上市公司的经验证据"，《管理评论》，2013 年第 12 期。

[25] 房建："高新技术企业盈余管理策略分析"，《科学管理研究》，2011 年第 1 期。

[26] 干胜道、钟朝宏、田艳："微利上市公司盈余管理实证研究"，《财经论丛》，2006 年第 6 期。

[27] 高金平：《资产重组的会计与税务问题》，中国财政经济出版社 2015 年版。

[28] 葛家澍、徐跃："会计计量属性的探讨——市场价格、历史成本、现行成本与公允价值"，《会计研究》，2006 年第

9 期。

[29] 龚启辉、吴联生、王亚平："两类盈余管理之间的部分替代"，《经济研究》，2015 年第 6 期。

[30] 顾鸣润、杨继伟、余怒涛："产权性质、公司治理与真实盈余管理"，《中国会计评论》，2012 年第 9 期。

[31] 顾振伟："我国上市公司盈余管理动机与方式的实证研究》，上海交通大学博士论文，2008 年。

[32] 何小杨、康冬梅："关于两类金融资产划分动机的实证分析"，《经济经纬》，2012 年第 4 期。

[33] 黄立新、叶冬艳："中小企业融资解困方式创新研究——基于基金资产配置的视角"，《中国软科学》，2012 年第 8 期。

[34] 黄炜婷："资产出售和资产置换远期绩效的实证研究"，《集美大学学报（哲学社会科学版）》，2013 年第 2 期。

[35] 姜国华、饶品贵："宏观经济政策与微观企业行为"，《会计研究》，2011 年第 3 期。

[36] 姜英兵、王清莹："上市公司股权结构与真实活动盈余管理"，《财经问题研究》，2011 年第 5 期。

[37] 蒋大富、熊剑："非经常性损益、会计准则变更与 ST 公司盈余管理"，《南开管理评论》，2012 年第 4 期。

[38] 蒋德权："中国企业集团内部资本市场配置效率及经济后果"，经济科学出版社 2016 年版。

[39] 金莲花、张志花、李正和："上市公司总经理更替与真实活动盈余管理"，《公司治理评论》，2010 年第 1 期。

[40] 金玉娜："董事会特征与真实活动盈余管理实证研究"，《石家庄经济学院学报》，2013 年第 4 期。

[41] 雷光勇："上市公司会计行为异化研究"，东北财经大

学出版社 2008 年版。

[42] 李彬、张俊瑞、郭慧婷：“会计弹性与真实活动操控的盈余管理关系研究”，《管理评论》，2009 年第 6 期。

[43] 李彬、张俊瑞：“实际活动盈余管理的经济后果研究：来自销售操控的证据”，《管理评论》，2010 年第 9 期。

[44] 李补喜、赵琳琳：“资产出售、盈余管理——基于 2006 年中国 A 股市场的实证研究”，《山西财经大学学报》，2010 年 S1 期。

[45] 李春涛、宋敏、张璇：“分析师跟踪与企业盈余管理——来自中国上市公司的证据”，《金融研究》，2014 年第 7 期。

[46] 李江涛、何苦：“上市公司以真实盈余管理逃避高质量审计监督的动机研究”，《审计研究》，2012 年第 5 期。

[47] 李全中：“可供出售金融资产公允价值变动引发的‘报表地震’与信息利用”，《经济经纬》，2010 年第 3 期。

[48] 李享：“会计操纵与交易规划的配合使用——来自长期资产减值的经验证据”，《财经研究》，2009 年第 2 期。

[49] 李晓玲、刘中燕、任宇：“分析师关注对上市公司盈余管理的影响”，《江淮论坛》，2012 年第 6 期。

[50] 李新路、张文修：“中国股票市场个体投资者‘处置效应’的实证研究”，《当代经济科学》，2005 年第 9 期。

[51] 李延喜等：“外部治理环境、行业管制、过度投资”，《管理科学》，2013 年第 1 期。

[52] 李玉菊、张秋生、冯卫东：“以企业资源为基础的财务报表体系研究”，《会计研究》，2011 年第 5 期。

[53] 李云鹤、李湛、唐松莲：“企业生命周期、公司治理与公司资本配置效率”，《南开管理评论》，2011 年第 3 期。

[54] 李云鹤、李湛："管理者代理行为、公司过度投资与公司治理——基于企业生命周期视角的实证研究"，《管理评论》，2012年第7期。

[55] 李增福、黎惠玲、连玉君："公允价值变动列报的市场反应——来自中国上市公司的经验证据"，《会计研究》，2013年第10期。

[56] 李增福、董志强、连玉君："应计项目盈余管理还是真实活动盈余管理——基于我国2007年所得税改革的研究"，《管理世界》，2011年第1期。

[57] 李增福、郑友环："避税动因的盈余管理方式比较——基于应计项目操控和真实活动操控的研究"，《财经研究》，2010年第6期。

[58] 连玉君、刘醒云、苏治："现金持有的行业特征：差异性与收敛性"，《会计研究》，2011年第7期。

[59] 梅波："行业周期、两类代理冲突与研发费用投入——来自企业和行业层面的证据"，《财经论丛》，2013年第4期。

[60] 林芳、冯丽丽："管理层权力视角下的盈余管理研究"，《山西财经大学学报》，2012年第7期。

[61] 林芳、许慧："于真实交易盈余管理的股权制衡治理效应"，《山西财经大学学报》，2012年第1期。

[62] 林钟高："会计行为论"，东北财经大学出版社1996年版。

[63] 刘斌、鲍夏梦："金融资产公允价值变动的价值相关性研究"，《技术经济》，2010年第1期。

[64] 刘大志：《基于所有权视角的上市公司盈余管理：程度、动机与制约因素研究》，东北财经大学博士论文，2011年。

[65] 刘磊：《我国上市公司盈余管理与公司治理研究》，中国财政经济出版社 2015 年版。

[66] 刘丽华："国际财务报告准则第 5 号：持有以备出售的非流动资产和终止经营"，《会计研究》，2004 年第 7 期。

[67] 刘启亮、陈冬、唐建新："IFRS 强制采用与盈余操纵——来自 2006 年亏损上市公司的经验证据"，《经济管理》，2010 年第 6 期。

[68] 刘星、安灵："基于盈余管理视角的中国上市公司资产出售实证研究"，《当代财经》，2007 年第 1 期。

[69] 柳木华："盈利之间价值相关性比较研究"，《中国会计与财务研究》，2004 年第 3 期。

[70] 鲁桂华："股市操纵行为的成因手段与经济后果：会计视角的实证研究"，北京大学出版社 2011 年版。

[71] 陆建桥、梁上坤、陈冬华："长期资产减值信息有用性的实证检验——来自银行借款契约角度"，《南开管理评论》，2009 年第 5 期。

[72] 陆宇建、蒋玥："制度变革、盈余持续性与市场定价行为研究"，《会计研究》，2012 年第 1 期。

[73] 陆正飞、韩非池："宏观经济政策如何影响公司现金持有的经济效应？——基于产品市场和资本市场两重角度的研究"，《管理世界》，2013 年第 6 期。

[74] 陆正飞、张会丽："会计准则变革与子公司盈余信息的决策有用性——来自中国资本市场的经验证据"，《会计研究》，2009 年第 5 期。

[75] 罗琦、李辉："企业生命周期、股利决策与投资效率"，《经济评论》，2015 年第 2 期。

[76] 罗时空、龚六堂："企业融资行为具有经济周期性

吗——来自中国上市公司的经验证据”，《南开管理评论》，2014年第2期。

[77] 吕敏康：“财政政策、经营异质性与企业价值”，《中南财经政法大学学报》，2017年第1期。

[78] 吕兆德、何子衡：“上市公司年度盈余持续性影响因素研究”，《北京师范大学学报（社会科学版）》，2012年第2期。

[79] 马建威、杨亚军、黄文：“以公允价值计量的金融资产分类与审计收费的相关性研究——来自2007～2010年沪市A股的经验证据”，《中央财经大学学报》，2012年第11期。

[80] 马静、孙海凤：“上市公司非经常性损益问题研究”，《商业研究》，2011年第11期。

[81] 马连福、高楠：“股权结构、境外背景独立董事与公司绩效——来自沪市上市公司的证据”，《山西财经大学学报》，2011年第9期。

[82] 孟焰：“美国非经常性损益信息披露管制沿革与启示”，《中央财经大学学报》，2009年第10期。

[83] 潘前进：“管理者能力、产品市场竞争与真实盈余质量”，《现代管理科学》，2016年第1期。

[84] 钱爱民、张新民：“新准则下利润结构质量分析体系的重构”，《会计研究》，2008年第6期。

[85] 乔舒亚·罗尼、瓦达·亚瑞：《盈余管理：理论、实践与研究的新发展》，东北财经大学出版社2014年版。

[86] 秦天程、张铁刚：“宏观经济波动与企业融资约束——来自中国上市公司的证据”，《研究与发展管理》，2016年第2期。

[87] 申景奇、伊志宏：“产品市场竞争与机构投资者的治

理效应——基于盈余管理的视角”，《山西财经大学学报》，2010年第11期。

[88] 斯蒂芬·泽夫：《经济后果的产生》，经济科学出版社1978年版。

[89] 宋华东：“基于前景理论的资产证券化模型与实证研究”，大连理工大学博士论文，2010年。

[90] 宋建波、高升好、关馨姣：“机构投资者持股能提高上市公司盈余持续性吗？——基于中国A股上市公司的经验证据”，《中国软科学》，2012年第2期。

[91] 苏冬蔚、曾海舰：“宏观经济因素、企业家信心与公司融资选择”，《金融研究》，2011年第4期。

[92] 苏冬蔚、曾海舰：“宏观经济因素与公司资本结构变动”，《经济研究》，2009年第12期。

[93] 孙光国、莫冬燕：“资产减值新政：遏制了还是转变了盈余管理方式？——基于2005~2008年上市公司的实证研究”，《财经问题研究》，2010年第12期。

[94] 孙杰：“宏观经济波动对现金持有量的影响：来自我国上市公司的经验证据”，《投资研究》，2013年第5期。

[95] 孙进：“公允价值计量的会计信息相关性研究”，南开大学博士论文，2009年。

[96] 孙蔓莉、蒋艳霞、毛珊珊：“金融资产分类的决定性因素研究——管理者意图是否是真实且唯一标准”，《会计研究》，2010年第7期。

[97] 孙晓华、李明珊：“研发投资：企业行为，还是行业特征？”，《科学研究》，2014年第5期。

[98] 孙铮、李增泉：“收益指标价值相关性实证研究”，《中国会计与财务研究》，2001年第2期。

[99] 谭洪涛、蔡春："新准则实施会计质量实证研究——来自A股上市公司的经验证据"，《中国会计评论》，2009年第7期。

[100] 唐莉："中国上市公司资产出售的财富效应研究"，《财经问题研究》，2004年第12期。

[101] 唐洋、宋平、唐国平："企业生命周期、债务融资与企业绩效——来自我国制造业上市公司的经验证据"，《财经论丛》，2014年第11期。

[102] 唐国平："资产的本质：一种创利能力——基于经济环境的理论分析"，《中南财经政法大学学报》，2002年第2期。

[103] 陶宝山："真实盈余管理的制度诱因与经济后果"，暨南大学博士论文，2013年。

[104] 陶启智、廖恒、崔思佳："我国制造业上市公司高额现金持有动因——委托代理理论抑或优序融资理论"，《财经科学》，2014年第4期。

[105] 王福胜、程富、吉姗姗："基于资产处置的盈余管理研究"，《管理科学》，2013年第5期。

[106] 王福胜、程富、吉姗姗："阈值处的盈余分布断层：盈余管理解释的实证检验"，《会计研究》，2013年第5期。

[107] 王福胜、吉姗姗、程富："盈余管理对上市公司未来经营业绩的影响研究——基于应计盈余管理与真实盈余管理比较视角"，《南开管理评论》，2014年17卷第2期。

[108] 王红建、李青原、陈雅娜："盈余管理、经济周期与产品市场竞争"，《会计研究》，2015年第9期。

[109] 王化成、程小可、佟岩："经济增加值的价值相关性——与盈余、现金流量、剩余收益指标的对比"，《会计研究》，2004年第5期。

[110] 王珏:“非金融上市公司可供出售金融资产管理研究”,《财经问题研究》,2012 年第 4 期。

[111] 王珏:“中国上市公司金融工具投资收益的盈余管理研究”,《金融论坛》,2012 年第 1 期。

[112] 王明明、韩东萍:“两类高额现金持有行为动因及对公司业绩影响研究”,《管理评论》,2013 年第 7 期。

[113] 王强松:“中国股市个体投资者处置效应的实证研究”,《经济论坛》,2009 年第 8 期。

[114] 王伟、杜征征:“证券市场非经常损益研究综述”,《经济学动态》,2010 年第 2 期。

[115] 王伟:《中国证券市场非经常性损益研究》,中国财政经济出版社 2013 年版。

[116] 王雄元、张春强、何捷:“宏观经济波动性与短期融资券风险溢价”,《金融研究》,2015 年第 1 期。

[117] 王义中、宋敏:“宏观经济不确定性、资金需求与公司投资”,《经济研究》,2014 年第 2 期。

[118] 王跃堂、王亮亮、贡彩萍:“所得税改革、盈余管理及其经济后果”,《经济研究》,2009 年第 3 期。

[119] 魏涛、陆正飞、单宏伟:“非经常性损益盈余管理的动机、手段和作用研究”,《管理世界》,2007 年第 1 期。

[120] 温忠麟、叶宝娟:“中介效应分析:方法和模型发展”,《心理科学进展》,2014 年第 5 期。

[121] 吴溪:《会计研究方法论》,中国人民大学出版社 2012 年版。

[122] 吴战篪、罗绍德、王伟:“证券投资收益的价值相关性与盈余管理研究”,《会计研究》,2009 年第 6 期。

[123] 向锐:“财务独立董事特征与会计稳健性”,《山西财

经大学学报》，2014 年第 6 期。

[124] 肖华、张国清：“内部控制质量、盈余持续性与公司价值”，《会计研究》，2013 年第 5 期。

[125] 肖明等：“基于宏观经济视角的我国上市公司现金持有量研究”，《中国管理科学》，2013 年第 3 期。

[126] 谢德仁、林乐：“管理层语调能预示公司未来业绩吗？——基于我国上市公司年度业绩说明会的文本分析”，《会计研究》，2015 年第 2 期。

[127] 谢盛纹、刘杨晖：“高管权力、产权性质与盈余持续性”，《华东经济管理》，2015 年第 29 卷第 12 期。

[128] 谢震、熊金武：“分析师关注与盈余管理：对中国上市公司的分析”，《财贸研究》，2014 年第 2 期。

[129] 徐经长、曾雪云：“金融资产规模、公允价值会计与管理层过度自信”，《经济理论与经济管理》，2012 年第 7 期。

[130] 徐经长、曾雪云：“综合收益呈报方式与公允价值信息含量”，《会计研究》，2013 年第 1 期。

[131] 徐经长、胡文龙：“营运能力财务信息的价值相关性分析——来自房地产类上市公司的经验证据”，《财会通讯》，2009 年第 9 期。

[132] 许松涛：“资产弃置义务会计处理研究”，经济科学出版社 2015 年版。

[133] 许文静：“非经常性损益对上市公司财务业绩影响研究——基于沪市上市公司 2007 年年报分析”，《中央财经大学学报》，2009 年第 3 期。

[134] 薛爽等：“会计准则国际趋同是否提高了会计信息的价值相关性”，《财贸经济》，2008 年第 9 期。

[135] 严武、王辉：“我国上市公司资产出售的公告效应研

究”,《商业经济与管理》, 2011 年第 11 期。

[136] 杨兴全、曾春华:“市场化进程、多元化经营与公司现金持有”,《管理科学》, 2012 年第 6 期。

[137] 姚立杰、程小可、朱松:“盈余管理动机、资产减值转回与盈余价值相关性”,《宁夏大学学报(人文社会科学版)》, 2011 年第 3 期。

[138] 叶海平:“我国 ST 公司非经常损益的盈余管理分析”,《企业经济》, 2011 年第 11 期。

[139] 叶建芳、李丹蒙、唐捷:“企业生命周期、债权治理和资产减值”,《财经研究》, 2010 年第 9 期。

[140] 赵兴楣、王华:“政府控制、制度背景与资本结构动态调整”,《会计研究》, 2011 年第 3 期。

[141] 叶建芳、李丹蒙、吴琳琳:“非经常性损益的价值相关性研究”,《中国会计评论》, 2013 年第 3 期。

[142] 叶建芳、周兰、李丹蒙、郭琳:“管理层动机、会计政策选择与盈余管理——基于新会计准则下上市公司金融资产分类的实证研究”,《会计研究》, 2009 年第 3 期。

[143] 于忠泊、叶琼燕、田高良:“外部监督与盈余管理——针对媒体关注、机构投资者与分析师的考察”,《山西财经大学学报》, 2011 年第 9 期。

[144] 余秉坚:“50 年会计改革发展与启示”,《会计研究》, 1999 年第 10 期。

[145] 俞震、冯巧根、朱晓怀:“机构投资者持股与公司盈余管理手段选择”,《南京社会科学》, 2010 年第 3 期。

[146] 喻凯:“基于企业生命周期的盈余管理及其市场反应检验研究》, 中南大学博士论文, 2014 年。

[147] 袁知柱、王泽燊、郝文瀚:“机构投资者持股与企业

应计盈余管理和真实盈余管理行为选择”，《管理科学》，2014 年第 5 期。

［148］张敦力、崔海红：“董事会特征、盈余管理动机与非流动资产处置”，《财经论丛》，2016 年第 7 期。

［149］张国源：“上市商业银行可供出售金融资产的利得交易和盈余管理”，《财会月刊》，2012 年第 15 期。

［150］张欢：“金融危机冲击、产品市场竞争与盈余管理策略”，《宏观经济研究》，2014 年第 3 期。

［151］张会丽、吴有红：“内部控制、现金持有及经济后果”，《会计研究》，2014 年第 3 期。

［152］张会丽、郑柳明：“金融资产初始分类与上市公司盈余管理”，《证券市场导报》，2013 年第 10 期。

［153］张金若、辛清泉、童一杏：“公允价值变动损益的性质及其后果——来自股票报酬和高管薪酬视角的重新发现”，《会计研究》，2013 年第 8 期。

［154］张俊瑞、李彬、刘东霖：“真实活动操控的盈余管理研究——基于保盈动机的经验证据”，《数理统计与管理》，2008 年第 5 期。

［155］张俊瑞、薛旺辰、武立勇：“企业资产结构的影响因素及模式研究”，《西安财经学院学报》，2007 年第 2 期。

［156］张敏、朱小平：“基于实际活动操控的盈余管理研究——国外文献述评及启示”，《经济与管理研究》，2012 年第 2 期。

［157］张然、张会丽：“新会计准则中合并报表理论变革的经济后果研究——基于少数股东权益、少数股东损益信息含量变化的研究”，《会计研究》，2008 年第 12 期。

［158］张瑞明、干彦：“终止经营会计准则的比较与思考”，

《审计与经济研究》，2004 年第 9 期。

[159] 张肖飞：《上市公司非经常性损益的信息噪音研究》，经济科学出版社 2014 年版。

[160] 张新民、朱爽："关于资产负债表的经济学思考"，《中国工业经济》，2007 年第 11 期。

[161] 张逸杰等："上市公司董事会特征和盈余管理关系的实证研究"，《管理评论》，2006 年第 3 期。

[162] 张宇晟："扭亏 ST 上市公司非经常性损益分析"，《经济研究参考》，2011 年第 39 期。

[163] 张子文："引入期企业的盈余管理研究》，复旦大学博士论文，2009 年。

[164] 张子余、张天西："'真实销售行为'的动态选择与经济后果"，《南开管理评论》，2011 年第 6 期。

[165] 赵春光："现金流量价值相关性的实证研究——兼评现金流量表准则的实施效果"，《会计研究》，2004 年第 2 期。

[166] 赵婧、汪祥耀："非经常性损益结构价值相关性研究——基于制造业上市公司的经验证据"，《财经论丛》，2014 年第 7 期。

[167] 赵学军、王永宏："中国股市"处置效应"的实证分析"，《金融研究》，2001 年第 7 期。

[168] 赵宇龙："会计盈余披露的信息含量"，《经济研究》，1998 年第 7 期。

[169] 郑振龙、杨伟："金融资产收益动态相关性：基于 DCC 多元变量 GARCH 模型的实证研究"，《当代财经》，2012 年第 7 期。

[170] 郑振龙："金融资产价格的信息含量：金融研究的新视角"，《经济学家》，2009 年第 11 期。

[171] 周冬华、赵玉洁："公司治理结构、盈余管理动机与可供出售金融资产处置"，《江西财经大学学报》，2014 年第 1 期。

[172] 周冬华："会计准则变迁、盈余管理与资产减值信息价值相关性"，《商业经济与管理》，2012 年第 9 期。

[173] 周红、王建新、张铁铸：《国际会计准则》，东北财经大学出版社 2012 年版。

[174] 周娟："控股股东性质与真实盈余管理——来自中国上市公司的经验证据"，《中国会计学会 2013 年学术年会论文集》。

[175] 周琼芳、徐鸿："现行利润表的局限性与改进"，《重庆理工大学学报（社会科学）》，2011 年第 9 期。

[176] 周夏飞、周强龙："产品市场势力、行业竞争与公司盈余管理——基于中国上市公司的经验证据"，《会计研究》，2014 年第 8 期。

[177] 朱朝晖：《经营活动中的真实盈余管理行为研究》，浙江工商大学出版社 2012 年版。

[178] 朱滔："董事薪酬、CEO 薪酬与公司未来业绩：监督还是合谋？"，《会计研究》，2015 年第 8 期。

[179] Alexander, G. J., Benson, G. P., Kampmeyer, J. Investigating the Valuation Effects of Announcement of Voluntary Divestures. *Journal of Finance*, 1984.

[180] Anthony, J., Ramesh, K. Association between Accounting Performance Measures and Stock Prices. *Journal of Accounting and Economics*, 1992.

[181] Barth, M. E., W. H. Beaver, and W. R. Landsman. The Relevance of the Value Relevance Literature for Financial Ac-

counting Standard Setting: Another View. *Journal of Accounting and Economics*, 2001.

[182] Barth, M. E., W. H. Beaver, M. A. Wolfson., Components of Bank Earnings and the Structure of Bank Share Prices. *Financial Analysts Journal*. 1990.

[183] Barth, M. E. Valuation-based Accounting Research: Implications for Financial Reporting and Opportunities for Future. *Accounting Finance*, 2000.

[184] Bartov, Eli. Timing of Asset Sales and Earnings Manipulation. *The Accounting Review*, 1993.

[185] Bens, D., Nagar, V., Wong, M. H. F. Real Investment Implications of Employee Stock Option Exercises. *Journal of Accounting Research*, 2002.

[186] Brown, L and K. Sivakumar, Comparing the Value Relevance of Two Operating in Comemeasures, *Review of Accounting Studies*, 2003.

[187] Carcello, J., Hollingsworth, C, Klein, A. and Neal, T. Audit Committee Financial Expertise, Competing Corporate Governance Mechanisms, and Earnings Management. *University of Tennessee*, Knoxville, TN. 2008.

[188] Changling Chen. Earnings Persistence and Stock Price Under and Overreaction. *Working paper*. University of Wisconsin-Madison. 2004.

[189] Cheng, Q., Warfield, T. Equity Incentives and Earnings Management. *The Accounting Review*, 2005.

[190] CohenD, Dey A, Lys T, Realand Accrual-based Earnings Management in the Pre-and Post-Sarbanes Oxley Periods. *Ac-*

counting Review, 2008.

[191] Comment, R., Jarrell G. A. Corporate Focus and Stock Returns *Journal of Financial Economics*, 1995.

[192] Barney J. B., Strategic Factor Market: Expectation, Luck, and Business Strategy. *Management Science*. 1986.

[193] Grant R. M., The Resource-Based Theory of Competitive Advantage: Implications for Strategy Formulation. *California Management Review*, 1991.

[194] Defond, M. L. and J. Jiambalvo. DEBT Covenantviolation and Manipulations of Accruals. *Journal of Accounting and Econo-mies*, 1994.

[195] Desai, H., Jain, P. C. Firm Performance and Focus: Long-term Stock Market Performance Following Spin-offs. *Journal of Financial Economics*, 1999.

[196] Elliott, J. and Hanna, J. D., Repeated Accounting Write-offs and the Information Content of Earning, *Journal of Accounting Research*, 1996.

[197] Teece, D. J., Pisano G., and Shuen, A. Dynamic Capabilities and Strategic Management. *Strategic Management Journal*, 1997.

[198] Ervin L. Black, Keith F Sellers and Tracy S. Manly. Earnings Management Using Asset Sales: An International Study of Countries Allowing Noncurrent Asset Revaluation. *Journal of Business Finance & Accounting*, 1998.

[199] Flora Guidry, An drew Leone, and Steve Rock. Earnings-based Bonus Plans and Earnings Management by Business Unit Managers. *Journal of Accounting and Economics*, 1998.

[200] Penrose, E. T. The Theory of the Growth of the Firm. New York: John Wiley. 1959.

[201] Wernerfelt, B. A Resourse-based View of the Firm. *Strategic Mangement Journal.* 1984

[202] Graham, J. R. , Harvey, C. R. , Rajgopal, S. . The Economic Implications of Corporate Financial Reporting. *Journal of Accounting and Economics*, 2005.

[203] Gready, W. , Lopez T. J. and Sisneros C. a. , The Persistence and Market Valuation of Recurring Non-recurring Items, *The Accounting Review*, 2010.

[204] Gunny, K. What Are the Consequences of Real Earnings Management? Working paper. *University of Colorado.* 2005.

[205] Gunny, K. The relation Between Earnings Magement Using Real Activities Manipulation and Future Performance: Evidence from meeting earnings benchmarks. *Contemporary Accounting Research*, 2010.



[206] Hall, Steven C. Political Scrutiny and Earnings Management in the Refining Industry. *Journal of Accounting & publicpolice*, 1993.

[207] Healy, P. M. , and J. M. Wahlen. A Review of the Earnings Management Literature and Its Implications for Standard Setting. *Accounting Horizons*, 1999.

[208] Herrmann D, Inoue T, Thomas WB. The Sale of Asset to Manage Earnings in Japan. *Journal of Accounting Research*, 2003.

[209] Hirst, D. , P. Hopkins, J. Wahlen. Fair Values, Income Measurement, and Bank Analysts' Risk and Valuation Judgments. *The Accounting Review*, 2004.

[210] Hite, G. L. , Owers, J. E. , Rogers, R. C. The Market for Inter-firm Asset Sales, Partial Sell - offs and Total Liquidations. *Journal of Financial Economics*, 1987.

[211] James, Sharon D. Strategic Bankruptcy: A Stakeholder management perspective. *Journal of Business Research*, 2016.

[212] Jerry Sun, George Lan and GuopingLiu. Independent Audit Committee Characteristics and Real Earnings Management. *Managerial Auditing Journal*, 2014.

[213] John, K. , Lang L. , Netter, J. The Voluntary Restructuring of Large Firms in Response to Performance Decline. *Journal of Finance*, 1992.

[214] Jones, Jennifer J. Earnings Management During Import Relief Investigations. *Journal of Accounting Research*. 1991.

[215] Kang, S and KimY. Effect of Corporate Governance on Real Activity-based Earnings Management: Evidence from Korea. *Journal of Business Economics and Management*, 2012.

[216] Kaplan, S. , Weisbach, M. S. The Success of Acquisitions: Evidence from Divestitures. *Journal of Finance*, 1992.

[217] Lang, L. , Stulz R. Tobin's Q, Corporate Diver Sification and Firm Performance. *Journal of Political Economy*, 1994.

[218] Margaret A. Peteraf, The Cornerstones of Competitive Advantage: A Resource-Based View Source. *Strategic Management Journal*, 1993.

[219] Mulherin, J. H. , Boone, A. L. Comparing Acquisitions and Divestitures. *Journal of Corporate Finance*, 2000.

[220] Nishihara, Michi; Shibata, Takashi, Asset Sale, Debt Restructuring, and Liquidation. *Journal of Economic Dynamics*

*and Control*, 2016.

[221] Ohlson, J. A. On Transitory Earnings. *Review of Accounting Studies*, 1999.

[222] Osma, B. G. Board in Dependence and Real Earnings Management: the Case of R&D Expenditure. *Corporate Governance*, 2008.

[223] Paul Russell. Hobbes and the Social Contact Tradition. *Journal of History of Philosophy*. 1989.

[224] Peasnell. K. V, Pope. P. F, and S. Young. Outside Directors, Board Effectiveness, and Earnings Management. *Journal of Accounting and Economics*, 2000.

[225] Pourciau S. Park C W. Earnings Management and Nonroutine Executive Changes. *Journal of Accounting and Economies*, 1993.

[226] Roychowdury, S. Earning Management through Real Activities Manupulation. *Journal of Accounting and Economics*, 2006.

[227] Shimin Chen, Yue tang Wang. Evidence from Chinaon the Value Relevance of Operating Income Vs. Below-the-lineItems. *The International Journal of Accounting*. 2004.

[228] So, S., M. Smith. Value-Relevance of Presenting Changes in Fair Value of Investment Properties in the Income Statement: Evidence from HongKong. *Accounting and Business Research*, 2009.

[229] Visvanathan, G. Corporate Governance and Real Earnings Management. *Academy of Accounting and Financial Studies Journal*, 2008.

[230] Watts. Rand Zimmerman JL. Positive Accounting Theory Prentice Hall. Inc, 1986.

[231] Wenxia Ge, Jeong, BonKim. Boards, Takeover Protection, and Real Earnings Management . *Review of Quantitative Finance and Accounting*. 2013.

[232] WilliamH. Beaver, Perspectives on Recent Capital Market Research, *Accounting Review*, 2002.

[233] WilliamR Scott. Financial Accounting Theory, 2000.

[234] Zang, A. Y. Evidence on the Tradeoff between Real Manipulation and Accrual Manipulation, 2007, *Working Paper*, University of Rochester.

[235] Zeff, S. A. The Rise of Economic Consequences. *The Journal of Accountancy*, 1978.

[236] Zhao yang Gu, Ting Chen. Analysts' Treatment of Nonrecurring Itemsin Street Earnings. *Journal of Accounting and Economics*. 2004.

本书出版之际，我要感谢中南财经政法大学的张敦力教授，感谢他一直以来对我的关心和教导，感谢河南牧业经济学院领导和同事们的支持和帮助，感谢默默付出的家人，感谢河南牧业经济学院“财务与投资管理”重点学科建设项目、河南牧业经济学院企业财务流动性科研创新团队的资助。